U0827766

金融 前沿

Corporate Valuation

Methodology and History of Thought

# 公司估值

## 方法论与思想史

倪宣明 著

企业管理出版社
ENTERPRISE MANAGEMENT PUBLISHING HOUSE

**图书在版编目（CIP）数据**

公司估值：方法论与思想史 / 倪宣明著 . —北京：企业管理出版社，2023.4

ISBN 978-7-5164-2825-2

Ⅰ. ①公… Ⅱ . ①倪… Ⅲ . ①公司—资产评估 Ⅳ . ① F276.6

中国国家版本馆 CIP 数据核字（2023）第 064862 号

**书　　名**：公司估值：方法论与思想史

**作　　者**：倪宣明

**责任编辑**：杨向辉　尚　尉

**书　　号**：ISBN 978-7-5164-2825-2

**出版发行**：企业管理出版社

**地　　址**：北京市海淀区紫竹院南路17号　　　邮编：100048

**网　　址**：http：//www.emph.cn

**电　　话**：编辑部（010）68414643　发行部（010）68701816

**电子信箱**：qiguan1961@163.com

**印　　刷**：北京明恒达印务有限公司

**经　　销**：新华书店

**规　　格**：160毫米×235毫米　16开本　14.25印张　158千字

**版　　次**：2023年6月第1版　2023年6月第1次印刷

**定　　价**：68.00元

**版权所有　翻印必究 · 印装错误　负责调换**

# 前 言

这本书的写作初衷在于，笔者有感于当代公司估值理论在数学模型化后的复杂性，应该对数学逻辑背后所蕴含的金融逻辑与思想进行探讨，进而对近百年的公司估值思想史进行梳理与解构。

经济学中，要想证明学术思想的原创性极为不易，因为一切思想都可能在更早期的论著中重复不断地找到其萌芽。思想实际出现的时间，可能要比一般认定的起源时间，提前数十年甚至几百年。正如斯蒂格勒所言，科学思想从未以其最初发现者的名字来命名，因此估值思想或估值模型极有可能追溯不到正确的源头。因此本书定位在估值思想的探源与普及，对模型的分类与选择带有主观性，偏见或错误在所难免。但是，本书并不想写成文献综述式的类型以包含更多学者的思想，而是聚焦在几名代表性的人物身上，来剖析估值模型与思想。

本书的第一个尝试是对估值模型进行分类。公司价值的估值模型相当繁杂，因为金融理论最核心的问题就是对公司或资产的定价，绝大部分金融理论都蕴含着估值思想。本书将众多估值模型分为客观价值与主观价值两大体系，前者又分为绝对估值法与相对估值法两大类，并以重置成本法和实物期权法做补充，由此形成了两大体系下的五大估值方法。

本书的第二个尝试是对绝对估值法体系进行五代估值模型的划分。尝试从威廉姆斯的投资价值守恒定理出发，在股利折现模型这第一代绝对估值模型基础上，结合税盾、破产成本、代理成本和控制权收益，先后发展出了五代绝对估值模型，思想前后相继但又有所突破。

本书的第三个尝试是以绝对估值法为基准，将两大体系下的五大估值方法模型进行相互比较，探究在思想上的异同。这种比较，建立在尊重原创性论文所蕴含的思想基础上，这也是本书多次解析估值方法原创性论著和论文的原因。

本书适合作为从事金融理论研究的学者以及金融实践的专家参考。感谢清华大学邱语宁博士对本书写作材料的搜集、整理与校稿工作，感谢我指导的研究生郑田田、张策、赵翘楚、孙雪袁、陈檬檬、赵春飞对本书的校稿工作，感谢北京大学黄嵩教授、中山大学赵慧敏副教授和彭方平教授、中央财经大学孙会霞副教授、清华大学钱龙博士、北京大学张俊超博士在本书写作中提供的宝贵意见，感谢出版社编辑，感谢家人对本书写作的支持！对帮我成稿过程中的同事与朋友，在此一并感谢！

由于作者水平有限，书中偏见错误在所难免，恳请同行专家与读者批评指正！

倪宣明

2023年2月

# 目　录

# 引论　公司价值评估的方法论体系解构

## 一、公司价值评估的经济学基础

### 1. 经济分析的两个基本方法论

经济学最基本的问题是，如果经济充分竞争，将会走向有序繁荣还是无序崩溃？这就是一般均衡理论（general equilibrium theory）想要回答的问题。英国经济学家亚当·斯密（Adam Smith，1723—1790）在1776年出版的论著《国家财富性质和原因的研究》（*An Inquiry into the Nature and Causes of the Wealth of Nations*）中，在论述政治经济学体系时指出："与许多其他场合一样，劳动者受着一只无形的手指导，去努力实现一个并非其本意的目标，非其本意并不意味着对社会有害。他追求自己的利益，往往能比真正出于本意的情形下，更能有效地促进社会的利益。"这就表明，消费者和企业都遵循市场规律，追求自身的效用最大化或利润最大化，会使得社会的整体福利最大，这就是福利经济学第一定理的核心：市场经济有效率。

将亚当·斯密"无形的手"表示成一般均衡的是法国洛桑学派的创始人瓦尔拉斯（Léon Walras，1834—1910）。1874

年，瓦尔拉斯出版《纯粹政治经济学要义》（*Elements of Pure Economics*），指出：是否存在一种价格水平体系，使得所有商品同时出清，即同时实现供需相等。熊彼特（Joseph Alois Schumpeter，1883—1950）曾经说过，提出一般均衡概念，使瓦尔拉斯"成为所有经济学家中最伟大的一位"。瓦尔拉斯提出的一般均衡依赖于如下大胆的假定：方程个数等于未知数个数的方程组有解。但是一般均衡的存在性证明，需要20世纪上半叶才发展起来的一种数学理论：不动点理论（fixed point theory）。

冯·诺依曼（John von Neumann，1903—1957）和纳什（John Nash，1928—2015）将不动点理论引入经济学体系，成功搭建了博弈论（game theory）的理论根基。纳什1950年发表的论文《多人博弈的均衡点》，借助了角谷静夫不动点定理（Kakutani fixed point theorem），证明了非合作博弈中均衡的存在性，这也是他获得1994年诺贝尔经济学奖的关键理论贡献。受此启发，阿罗（Kenneth J. Arrow，1921—2017）和德布鲁（Gerard Debreu，1927—2004）于1954年合作发表《竞争经济中的一般均衡存在性》，用角谷静夫不动点定理证明一般均衡的存在性，二人也分别获得了1972年和1983年的诺贝尔经济学奖。一般均衡的存在性，正如纳什均衡的存在性一样，在数学上的呈现形式，就是不动点的存在性。

一般均衡理论和博弈论是经济学中两种最基本的分析框架。从思想发展角度来看，一般均衡理论出现在前，博弈论出现在后，但从存在性的证明来看，一般均衡出现在后，而博弈论出现在前。一般均衡理论下，所有个体都是价格接受者，个体追求的目标与社会目标相一致，但博弈论指出，个体利益目标极有可能与社会利益目标相背离，因此这两种体系相辅相成。

最后需要指出的是，一般均衡还存在一个简化情形：英国经济学家马歇尔（Alfred Marshall，1842—1924）提倡的局部均衡理论（partial equilibrium theory）。局部均衡理论只分析单一市场的均衡问题，例如，研究资本市场的均衡时，并不需要关心所有商品市场同时实现均衡的问题，这与金融理论中经常提及的无套利思想最为接近。

### 2. 经典金融理论体系的两个分支

在1950年前后，一般均衡理论、博弈论等经济学的基础理论相继完成，分析框架也逐步蔓延至经济学的各个分支。以1952年马科维茨发表的《投资组合》和罗伊发表的《安全第一与资产持有》为标志，金融理论也相应进入了快速发展阶段。

1990年，诺贝尔经济学奖第一次颁发给金融理论领域，马科维茨（Harry M. Markowitz）、夏普（William Sharpe）和米勒（Merton Miller）共同分享了这一荣誉。夏普在马科维茨投资组合理论（portfolio theory）的基础上发展出了资本资产定价模型（capital asset pricing model，CAPM），米勒则和莫迪利安尼（Franco Modigliani）一起发展出了公司价值与资本结构无关等系列定理，被学术界用他们名字的首字母组合简称为MM定理，而莫迪利安尼则早在1985年就已获得诺贝尔经济学奖。由此，经典金融理论的主流领域也划分为资产定价（asset pricing）和公司金融（corporate finance）。

这里之所以称为经典金融理论，主要是为了与行为金融理论（behavioral finance theory）相对应，后者主要将金融学、心理学、行为学、社会学等融合在一起，其中，很多理论难以给出数理证明，主要借助实验数据加以佐证。

### 3. 公司金融的核心问题：公司价值

资产定价主要从资产持有的角度来研究投资价值最大化的问题，与此类似，公司金融则从股权与债务配置的资本结构来研究投资价值最大化。可以这样来不严谨地稍做区分：资产定价主要研究折现率，而公司金融主要研究对现金流折现后的公司价值，二者既有区别，又紧密联系。

显然，如果价格水平的决定问题是经济学的核心问题，则对公司价值的评估就是公司金融的核心问题。

## 二、公司价值评估的两大体系与五类方法

### 1. 公司价值评估的两大体系

如果经济分为供给和需求两个基本面，那么公司价值也可以分为客观价值与主观价值两个基本体系。

客观价值主要以威廉姆斯（John Burr Williams，1899—1989）和格雷厄姆（Benjamin Graham，1894—1976）为代表。

威廉姆斯在经历20世纪20年代多头市场的狂欢与30年代的股市大危机后，重新回到哈佛大学攻读经济学博士，尝试构建一种关于投资的基础理论来解释经济大危机。请教熊彼特后，威廉姆斯最终确定以股票的内在价值（intrinsic value）或客观价值为研究主题，于1937年完成了博士论文《投资估值理论》（*The Theory of Investment Value*），并于1938年出版。威廉姆斯认为“养母牛

为了牛奶，养母鸡为了鸡蛋，买股票为了股利”，因此，股票价值是未来分配给股东的股利以折现率进行折现后的现值，并在一定条件下给出了计算公式，即股利折现模型（dividend discount model，DDM），这已经蕴含了投资实践中广为熟知的折现现金流（discounted cash flow，DCF）的基本思想。

经济学中，要想证明学术思想的原创性极为不易，因为一切思想都可能在更早期的论著中找到萌芽。思想起源实际出现的时间，可能要比一般认定的起点时间，提前数十年甚至几百年。1982年诺贝尔经济学奖得主斯蒂格勒（George J. Stigler）的儿子小斯蒂格勒（Stephen M. Stigler）曾指出，科学思想从未以其最初发现者的名字来命名，即著名的斯蒂格勒命名法则（Stigler’s Law of Eponymy）。因此投资思想或估值思想极有可能追溯不到正确的源头。

以折现现金流思想为例，更早期的费雪（Irving Fisher，1867—1947）就曾有过系统的论述。费雪在1907年出版论著《利率论》（*The Rate of Interest*），此后尝试进行修订，但修订完善的过程中，他发现修订版更适合作为一本新书，这就是1930年出版的《利息理论》（*The Theory of Interest*）。在《利息理论》中，费雪明确指出，资本价值，就是未来收入的折现，或者说是未来收入的资本化。在此基础上，他进一步提出了折现原理（The Discount Principle），即每件商品或证券的价值取决于两个因素：投资人预期的收益流和对收益流进行折现的市场利率。对利率或折现率的分析，正是他书名的由来。或许本书的这句话更广为人知：“投资就是推迟的消费。”

他指出，折现率受时间偏好（time preference）和投资机会影响，而时间偏好也被他称为人性急躁（human impatience）。更重要的是，他明确指出，利率取决于时间偏好，时间偏好又取决于未来收益流的路径，而不同的未来收益流选择，又取决于利率。他打破这种循环论证的方式是，构建方程组来同时求解这些参数，其中独立方程式的个数与未知数个数相同。折现率与现金流相互影响的复杂性，可见一斑。费雪主要借助于两期模型来进行利率的分析，而威廉姆斯的股利模型或许是第一个在多期甚至无穷期背景下，将折现现金流思想应用于股票价值的研究并明确给出解析表达式的模型。

与威廉姆斯差不多同时期的格雷厄姆在华尔街以证券分析著称。1934年他与多德（David L. Dodd）合作出版了代表作《证券分析：原理与技术》（*Security Analysis: Principles and Technique*），本书多次修订，经久不衰。1949年，格雷厄姆又出版了另一部代表作《聪明的投资者》（*The Intelligent Investor*）。格雷厄姆是坚定的价值投资拥护者，基本方法是分析资产负债表和利润表。他认为进行投资分析，并非要精确地计算出某只股票的内在价值，而是基于财务报表分析，判断当前股票价格是否偏低，做出相应的投资决策，在《证券分析：原理与技术》中给出了一套详细而复杂的分析准则。他们还尝试回答了投资与投机的区别：投资是基于详细的分析，以实现本金安全和回报有保证的目标的行为，不符合这一标准的行为就是投机。《证券分析：原理与技术》中的第31章分析利润表时，格雷厄姆和多德将当时华尔街对普通股股票价格的估算方法总结为：股票价格等于每股收益（earnings per share，EPS）乘以质量系数（quality coefficient）。这在某种程度上可以视为相对估值法的源头。

主观价值主要以凯恩斯（John Maynard Keynes，1883—1946）为代表。凯恩斯开始研究的是数学，1921年出版其代表作之一的《论概率》（*A Treatise on Probability*），后来研究领域由数学转向经济学。他一生在经济领域建树颇丰，曾任英国经济顾问，参与英国的各项经济决策。凯恩斯在1930年出版的《货币论》（*A Treatise on Money*）的基础上，于1936年出版论著《就业、利息和货币通论》（*The General Theory of Employment, Interest and Money*），简称为《通论》。经济学只要提到《通论》，基本就是指这本书，可见其影响之大。在《通论》中，他指出对公司利润进行长期准确预测不可能，应当将长期预测分解为一系列的短期预测，这时候投资者的兽性（animal spirit）和运气就极为重要。凯恩斯的投资哲学实际上抛开了股票的内在价值，强调股票在众多投资者之间形成平均心理价值，专业投资者应把握众多投资者的心理，在此基础上进行投资。凯恩斯认为股票价格由投资者心理决定而非内在价值决定，这种观点也被称为空中楼阁理论（castle-in-the-air theory）。

以威廉姆斯和格雷厄姆为代表的客观价值体系，一般都有建立在数理逻辑基础上相应的估值表达式，在后续的发展中，逐步与经典金融理论融合在一起。以凯恩斯为代表的主观价值体系，侧重对投资者的预期心理研究，侧重对估值相关的信息分析，从而逐步与行为金融联系在一起。

### 2. 公司价值评估的五类方法

客观价值与主观价值两大体系下，前者形成了绝对估值法、相对估值法、重置成本法（replacement cost method，RCM）、实物期权法（real option valuation，ROV）这四类常用的方法，后者形成了主观估值法。

（1）客观价值：绝对估值法

威廉姆斯在1938年的论著《投资估值理论》中，提出了股利折现模型，该模型已经蕴含了折现现金流的核心思想。以折现现金流法为公司估值的方法论基础，又被称为绝对估值法，它也是实践中最广为使用的估值方法。因此，有时也将折现现金流法称为绝对估值法。

（2）客观价值：相对估值法

《证券分析：原理与技术》一书第31章中，格雷厄姆和多德用每股收益与质量系数的乘积来估算股票价格。质量系数就是一种倍数，主要用于反映股息率、股息记录、公司地位、公司所属的行业性质、市场总体趋势等，这在某种程度上可以视为相对估值法的源头。格雷厄姆在《聪明的投资者》中，将股票估值分为三步：预测每股收益，构建相应倍数并进行调整，估值。此时每股收益取值为未来5年进行预测收益的平均值，除了极端情形外，倍数应该介于8倍和20倍之间，正常情形取12倍。这已经给予投资者切实可行的相对估值操作方案。

（3）主观价值：主观估值法

凯恩斯在1936年的论著《通论》中，对公司价值或股票价值的度量，侧重于信息与心理价值分析，不妨称之为主观估值法，这也是行为金融理论的核心研究领域之一。

实践中，很多金融现象无法通过经典金融理论来解释，经常被称为谜题。行为金融是破解各类金融谜题的强有力的分析工具。

（4）客观价值：重置成本法

重置成本法的基本思想是先化整为零，再化零为整：将构成公司的全部资产进行分解，对每项资产按当前的市场价值进行重新逐一估算，将每项资产加总后的值作为公司价值。

它的理论依据在于，理性的投资者购买某项资产时，愿意支付的价格，不会超过与之等效的全新资产的最低成本。托宾（James Tobin）在1969年的研究中最早指出了这种关系，并定义了后来称为托宾*Q*（Tobin's q-ratio）的比率：公司市场价值与资产重置成本之比。他也因为对凯恩斯理论及投资组合理论方面的研究，获得了1981年的诺贝尔经济学奖。或许他最有名的，还是被采访时概括其贡献的那句话：鸡蛋不能放在同一个篮子里。

（5）客观价值：实物期权法

实物期权法则是将金融期权定价理论（option pricing theory）应用至公司估值上。

对期权定价理论的研究，最早应该追溯到法国数学家巴施里耶（Louis Bachelier，1870—1946）。1900年，巴施里耶提交了博士论文《投机理论》（*Theory of Speculation*，法语*Théorie de la spéculation*），指出概率论可以用于描述证券价格的波动，他对布朗运动（Brownian motion）的描述，领先于爱因斯坦（Albert Einstein）约5年。他指出，当前股票价格下，相信价格上涨的买家与相信价格下跌的卖家一样多，因此对投资者而言，投资者的期望收益为零，股票市场是个公平游戏。巴施里耶同时在研究中发现，波动率与时间的平方根成正比这一规律，还推导出了第一个期权定价公式，后来被称为巴施里耶期权定价模型（Bachelier option pricing model）。巴施里耶论文中使用的是线性布朗运动（linear

Brownian motion），存在价格为负的可能，争议较大，这或许是他论文长期默默无闻的主要原因。

巴施里耶对金融的理论贡献，很大程度上得益于萨缪尔森（Paul A.Samuelson，1915—2009）的宣传与推荐，后者认为，他对布朗运动的描述，比爱因斯坦更严密。萨缪尔森后来曾在2000年的一次节目中讲过："20世纪50年代，一个偶然的机会，我从巴黎大学图书馆找到了这本不知名的破旧不堪的论文。当我翻开它时，一个全新的世界在我面前展开。一边阅读，一边想把它翻译成英语，让大家都能来欣赏这熠熠生辉的学术明珠。"鉴于巴施里耶的突破性贡献，法国成立了巴施里耶协会，并于2000年6月在巴黎召开了第一次巴施里耶国际会议，以纪念《投机理论》问世100周年。因此有时也把1900年视为当代金融理论的开端，而非马科维茨和罗伊论文发表的1952年。

1965年，萨缪尔森将巴施里耶使用的线性布朗运动调整为几何布朗运动（geometric Brownian motion）：股票价格呈现指数增长形式，不再出现价格为负的情形。在此基础上，他的研究助手莫顿（Rpbert C. Merton）引入无风险收益率，在1973年给出了欧式看涨期权（European call option）的定价公式，而布莱克（Fischer Black）和斯科尔斯（Myron Scholes）几乎同时也给出了这一定价公式，因此也被称为布莱克—斯科尔斯—默顿模型或BSM模型。斯科尔斯和默顿因为该贡献获得了1997年的诺贝尔经济学奖，布莱克则于1995年遗憾离世，无缘分享该奖。

1977年，梅耶斯（Stewart C.Myers）将期权定价理论引入公司估值中，实际上是将投资视为一种看涨期权，此时公司价值表达为在原有价值基础上，附加一个因投资机会形成的一个价值增量，即附加一个看涨期权价值，这种价值就是实物期权价值。

3. 绝对估值法的主流地位

主观估值法难以给出清晰的估值表达式和可操作的估值流程，主观性较强。重置成本法下，公司整体价值是否等于局部资产价值之和，显然存在哲学上的争论，同时对无形资产及人力资本估算也是一大难题。实物期权法在某种意义上，仅需给出资产价格的波动率，就能计算得出，因而可以视为客观价值估算的极致情形，但无论是波动率，还是资产当前价格参数、执行价格、时间等参数，都难以构造，因此难以广泛使用。

实践中最广为使用的估值方法就是绝对估值法与相对估值法。相对估值法的思路极为便捷，选择本公司某个现金流指标，将其与可比公司（comparative company）进行比较构建倍数，指标与倍数相乘，便可得出公司价值或股权价值。该方法要求本公司与可比公司之间，仅有规模差异，其他方面都相同，估值流程过于简化。因此，绝对估值法或折现现金流法，在实践中逐步占据了主流地位。

## 三、绝对估值法的五代估值模型

1.第一代模型：威廉姆斯的股利折现模型

将股利 $D$ 假设为永续年金（perpetuity），即在无穷期下股利各期都相等，以股权资本成本 $R_S$ 为折现率，股票价格可以表示为：

$$P=\frac{D}{1+R_S}+\frac{D}{(1+R_S)^2}+\cdots+\frac{D}{(1+R_S)^T}+\cdots=\frac{D}{R_S}$$

这就是威廉姆斯的股利折现模型。用价格乘以股份数，就是股权价值的表达式。

威廉姆斯同时给出了股利带增长情形的股利折现模型。假设股利增长速度固定为$g$，其他条件不变，股票价格表示为：

$$P=\frac{D}{R_S-g}$$

这一公式后来被戈登（Myron J. Gordon）和夏皮罗（Eli Shapiro）在1956年重新表达为：$R_S=D/P+g$，从而被阴差阳错地称为戈登增长公式（Gordon growth formula）。折现率或股权收益率被分解成易于资本市场理解的两部分：股利收益率和预期增长率。

### 2. 杜兰对现金流指标的调整与杜兰猜想

实践中，股利发放并不是公司的义务，容易发生变化，而且资本市场中存在大量很少发股利的公司，股利作为现金流指标的适用性明显受限。1952年的一次学术会议上，杜兰（David Durand）做了题为《债务与股权资本成本：测度趋势与问题》的报告，简称“杜兰报告”。

为度量公司价值，杜兰引入了两种方法：净经营利润法（net operating income method，NOI法）和净利润法（net income method，NI法）。其中，净经营利润不妨理解为息税前利润（earnings before interest and tax，EBIT），它约等于公司的经营收入减去经营成本及各类其他成本费用，是一种毛利润。

净经营利润和净利润这两个现金流指标，逐步替代了股利指标，发展成了两种基本估值思路：以净经营利润为折现的现金流，是一种无杠杆现金流（unlevered cash flow，UCF），用于公司价值评估；以净利润为折现的现金流，是一种杠杆现金流（levered cash flow，LCF），用于股权价值评估。

杜兰同时发现，若采用净经营利润进行公司价值评估，那么公司价值将与资本结构无关，其中资本结构可以用债务价值与股权价值的比率来度量，即用财务杠杆来度量。由此，他提出了“整体价值（total value）与资本结构无关”的猜想，但认为解释这一猜想在特殊情形下才成立。格雷厄姆在1934年也曾涉及过相关研究，只是分析偏离了正确方向。而威廉姆斯1938年的《投资估值理论》中，对公司价值与资本结构的关系，有着极为精确的描述，在书中被称为投资价值守恒定理（Law of the Conservation of Investment Value）。

### 3. 公司价值评估的基石：无关性定理

杜兰报告的另一个重要贡献在于，他报告的听众中有莫迪利安尼。

莫迪利安尼认为，杜兰猜想具有普适性。他提出的著名的生命周期假说（life cycle hypothesis，LCH）的基本思想是，人们一生的消费路径取决于终身财富。在生命周期中，少年和老年阶段储蓄为负，工作阶段储蓄为正，也就是说，消费路径与收入路径无关，与终身财富相关。如果将这一观点推广至杜兰猜想，那么“资本结构与公司价值无关”的结论应该具有普适性。

他尝试对猜想给出严谨的证明，在1956年的某个课堂上，讲了无关性定理证明的雏形，恰巧被聚焦研究资本结构理论的米勒听到，由此开始了他们的研究合作。他们发表的成果，后来被称为MM系列定理或命题，最终成为了公司金融与估值的理论基石。

无关性定理主要探讨公司价值与资本结构、加权平均资本成本（weighted average cost of capital，WACC）、股利政策、投融资决策等之间的关系，由四个基本定理组成：

第一，公司价值与资本结构无关。

第二，加权平均资本成本与资本结构无关。

第三，融资决策与资本结构无关。

第四，公司价值与股利政策无关。

前三个无关性定理由莫迪利安尼与米勒于1958年在《美国经济评论》（*American Economic Review*）上发表的《资本成本、公司融资与投资理论》一文中给出，该文也被《美国经济评论》评为其“百年经典论文”中的20篇论文之一。其中，公司价值与资本结构无关性定理被称为MM第一定理，由此形成的股权资本成本与资本结构之间的线性关系被称为MM第二定理。第一定理是估值模型，而第二定理与估值使用的折现率相关。第四个无关性定理由他们在1961年的论文中给出。

### 4. 第二代模型：MM第一定理估值法与加权平均资本成本法

由于税法规定，公司偿还债权人的利息无需缴纳企业所得税，但归属股东的净利润需要缴纳企业所得税，即债务存在税盾效应（tax shield，TS）。

考虑到税盾效应，1963年莫迪利安尼与米勒继而发表了一篇对1958年论文进行修正的小论文，形成了含税的MM第一定理：

$$V_L = V_U + TS$$

带财务杠杆的公司价值 $V_L$ 等于无杠杆公司价值 $V_U$ 加上税盾效应 $TS$。与此同时，MM第二定理中股权资本成本与资本结构之间的线性关系，加以修正依旧成立。公司价值与资本结构相关，与此相应，公司加权平均资本也与资本结构相关，随财务杠杆上升而下降。

1958年与1963年的两篇论文，标志着以折现现金流思想为核心的第二代估值模型成型：MM第一定理估值模型（*MMI* 模型）和加权平均资本成本估值模型（*WACC* 模型）。加权平均资本成本估值模型本质上是MM第一定理估值模型的推论，即这两个估值模型本质上等价。

1974年，梅耶斯用MM第一定理估值模型来度量项目价值，并将其称为调整现值法（adjusted present value，APV），正如戈登增长模型对威廉姆斯股利增长模型的改写一样。

借助加权平均资本成本，公司价值可以表示为：

$$V_L = \frac{EBIT \cdot (1-t)}{WACC}$$

其中，$EBIT$、$t$ 和 $WACC$ 分别表示息税前利润、企业所得税税率和加权平均资本成本。

基于 *WACC* 模型，公司价值可以简化为“鹦鹉估值三部曲”。经济学有个关于价格均衡的比喻：只要教会一只鹦鹉说供给和需求，它也能成为经济学家。也就是说，价格均衡需要三步：第一步，估算供给；第二步，估算需求；第三步，令供需相等，求解均衡价格和均衡数量。这里不妨加以类比：

第一步，估算分子，即估算无杠杆现金流或经营现金流。

第二步，估算分母，即估算加权平均资本成本这一折现率。

第三步，估算公司价值，用分子除以分母进行折现计算无杠杆现金流的现值。

*WACC* 估值法对估值流程的简化，使其在应用中可操作性较强，成为应用最广泛的估值方法。

有趣的是，米勒在1977年的研究中，同时引入企业利得税、利息所得税和股利所得税，发现公司价值与资本结构无关性定理依旧成立，从而使他们最初的无关性定理形成了理论闭环。

### 5. 加权平均资本成本法中的循环逻辑

尽管 *WACC* 估值模型具有诸多优势，但从理论上讲，它存在着循环论证。再次回顾 *WACC* 法的估值流程，并估算股权价值：

第一步，估算息税前利润 *EBIT*。

第二步，估算加权平均资本成本 *WACC*，定义式中包含四个基本参数：债务资本成本 $R_B$，股权资本成本 $R_S$，度量资本结构的财务杠杆 $B/S$，企业所得税税率 $t$。

第三步，对息税前利润 *EBIT* 以 *WACC* 为折现率进行折现，估算公司价值，即估算债务价值 $B$ 与股权价值 $S$ 之和。

第四步，用公司价值减去债务价值，估算股权价值，一般假设债券平价发行，即债务未来利息的贴现值就是当前债务规模 $B$。

其中第四步最为关键，因为投资人的绝大部分决策是股权投资，但这种价值估算过程，涉及到一个循环逻辑的论证：

第一，采用 *WACC* 模型进行价值估算，至少涉及两个基本参数，即财务杠杆参数 $B/S$ 和债务规模 $B$。要计算第二步的 *WACC*，就需要财务杠杆参数 $B/S$；一般假设债券平价发行，因此假设债务规模 $B$ 已知。

第二，给定财务杠杆参数 $B/S$ 和债务规模 $B$，理论上就可以计算出股权价值 $S$，即 $S=B/(B/S)$。

这就表明，当采用 *WACC* 模型估算公司价值时，如果以下等式成立：

$$V_L = B + \frac{S}{B/S} = \frac{EBIT \cdot (1-t)}{WACC}$$

那么使用 *WACC* 模型估算公司价值无必要；如果关系式不成立，那么基本就是应用 *WACC* 模型时出现了偏差。这就是 *WACC* 模型中蕴含的循环逻辑。

只是在实践应用中，*WACC* 模型易于理解和操作性较强，同时还能够兼容资产定价的研究领域，如用夏普等人提出的 *CAPM* 和罗斯（Stephen A. Ross）1976年提出的套利定价理论（arbitrage pricing theory，APT）来估算股权资本成本，使得这一逻辑循环被掩盖。

但是，*MMI* 模型中，纯股权公司的股权资本成本是同质化商品假设下的局部均衡，也是外生给定的参数，理论上存在但实践中依旧难以度量，这也是 *MMI* 模型在实践中的普及性不如作为其推广的 *WACC* 模型的原因。

公司价值与资本结构的无关性定理，可以推导出加权平均资本成本与资本结构的无关性定理。显然，加权平均资本成本是假设推论而非外生参数，它与公司价值类似，是一枚硬币的两面。

### 6. 第三代模型：含破产成本修正的斯科特模型

无论杜兰还是莫迪利安尼、米勒，事实上都注意到债务会形成潜在的成本，公司不可能无限制扩大债务规模，这种潜在成本就是破产成本（bankruptcy costs，BC）。公司的现金流如果不足以偿还归属债权人的利息，就会破产，破产会产生相关费用。一旦破产，对公司经营产生的息税前利润*EBIT*的分配，除了股东（*E*）、债权人（*I*）和国家（*T*）外，还应包括破产流程中引入的律师事务所、会计师事务所、破产清算事务所等。

这就表明，莫迪利安尼与米勒在无关性定理基础上，引入税收，影响的仅仅是对息税前利润*EBIT*的分配流程，财务杠杆或资本结构，与*EBIT*本质上无关。但破产成本的引入，降低了用于分配的*EBIT*规模，这时资本结构就会与*EBIT*相关，这就使得公司价值的估算更为复杂。简言之，*MMI*估值法中资本结构与*EBIT*的生成无关，仅影响*EBIT*的分配，但破产成本引入后，资本结构与*EBIT*的生成相关。

破产成本易于理解但难以估算，而且会使得估值常用的持续经营（going concern）假设难以成立。正是因为这两个特点，虽然破产成本很早就被意识到，但是要形成诸如*MMI*估值法和*WACC*估值法等具有清晰解析表达式的估算公式，显然极为困难。如果企业不存在债务，那么基本就没有破产成本，只有在债务累积到一定程度后，才可能导致破产。显然，“一定程度”的主观性极强。尝试将破产概率引入，经由多人的发展，才最终在1976年由斯科特（James H. Scott）“勉强”给出了一个接近*MMI*估值法和*WACC*估值法的解析表达式。这也是选择斯科特估值模型作为第三代估值模型的最重要原因。

公司价值定义为债务价值与股权价值之和，引入破产成本后，在*MMI*估值法和*WACC*估值法的基础上，最终形成了第三代折现现金流模型，即包含破产成本的估值成本模型：

$$V_L \equiv B + S = V_U + TS - BC$$

杠杆公司价值 $V_L$，等于无杠杆公司价值 $V_U$，加上税盾价值 $TS$，减去破产成本 $BC$。债务对公司净价值的增量，取决于税盾价值与破产成本之差，在一定条件下，存在最优债务规模。债务对公司价值的影响，最终取决于税盾效应与破产成本之差。随着债务杠杆的上升，公司价值呈现先上升后下降的"倒U型"关系。公司融资决策，需要在这两种正负效应中进行权衡，最终发展出最优资本结构决策的权衡理论（trade-off theory）。

虽然斯科特从理论上给出了估值的解析表达式，但由于破产成本难以度量，并且需要给出息税前利润的分布假设，因此，第三代估值模型理论性明显重于实践性。

### 7. 第四代模型：含代理成本修正的詹森和麦克林模型

莫迪利安尼和米勒系列定理的核心假设主要是两点：同质化假设，资本结构与息税前利润无关假设。斯科特在第二代模型的基础上引入债务可能形成的破产风险，打破了持续经营假设，并且影响到息税前利润。

但是，第二代估值模型和第三代估值模型本质上存在对立关系：如果只有税收，无破产风险，那么纯债务融资下，公司价值最大；如果只有破产风险，无税收，那么纯股权融资下，公司价值最大。这两种极端情形显然都不能够充分解释估值的实践情形。

最早意识到这种对立关系的是詹森（Michael C. Jensen）和麦克林（William H. Meckling）。他们在1976年的《企业理论：管理行为、代理成本与所有权结构》一文中指出，公司像市场一样，本质上是个体行为的均衡过程，因此可以将公司理解为基于内部股东、外部股东和债权人之间合同关系所形成的法律虚构（legal fiction）。不同主体之间利益不一致，就会形成代理成本（agency costs，AC）。也就是说，无论股权融资还是债务融资，都会带来成本。引入代理成本后，公司价值需要在第三代模型的基础上，进一步减去代理成本，即：

$$V_L \equiv B + S = V_U + TS - BC - AC$$

这就形成了第四代折现现金流估值模型：詹森和麦克林模型，即包含代理成本的估值模型。此时，杠杆公司价值 $V_L$，等于无杠杆公司价值 $V_U$，加上税盾价值 $TS$，减去破产成本 $BC$ 和代理成本 $AC$。

但是，第四代估值模型与前三代估值模型有着本质不同。

第一，经济学的方法论基础不同。詹森和麦克林模型以博弈论（game theory）为方法论核心，而莫迪利安尼和米勒模型、斯科特模型以局部均衡（partial equilibrium theory）或一般均衡理论（general equilibrium theory）为核心。

第二，前提假设不同。詹森和麦克林模型认为内部股东有投票权，而外部股东无投票权，这就表明，即使纯股权融资，其股票也不再是同质化商品。也就是说，与莫迪利安尼和米勒模型、斯科特模型相比，詹森和麦克林模型打破了同质化假设。

第三，对公司的理解不同。莫迪利安尼和米勒模型、斯科特模型都可以将公司视为一个理性的经济个体，即公司追求自身的价值最大化或利润最大化。而詹森和麦克林模型将公司定义为一组合同关系，这时候更需要研究内部股东、外部股东和债权人的各自利益关系，将公司视为经济个体，无实质含义。

詹森和麦克林的这种定义，融合了产权理论的发展。科斯（Ronald H. Coase，1910—2013）在1937年最早尝试打开企业这一“黑箱子”，企图回答企业为什么存在。企业存在的根本原因在于市场机制，或者价格机制，在配置资源时存在成本，这种成本后来被称为交易成本（transaction costs）。对于相同的产品生产，如果使用企业来配置生产要素的成本更低，就应该使用企业这种组织，否则依旧借助市场机制。企业和市场的差异在于，企业配置资源时，依赖于具有协调能力的企业家（entrepreneur-co-ordinator）的指令，而市场配置资源依靠价格机制。但是阿尔奇安（Armen A. Alchian）和德姆塞茨（Harold Demsetz）在1972年指出，企业并不拥有其使用的各种投入要素，企业的权威与纪律，与任何两个人在市场上的交易情形相比，无任何差别。詹森和麦克林的定义，实质上是阿尔奇安和德姆塞茨定义的延伸。

巧合的是，科斯1960年发表的《社会成本问题》中指出，如果价格机制的运行毫无成本，最终会实现产值最大化的结果，而且该结果不受法律影响。或许将科斯定理换一种表述更有助于理解：如果交易成本为零，只要产权界定清晰，效率与产权的初始配置无关。这可以视为另一个版本的无关性定理，核心是效率与产权配置无关，这与莫迪利安尼和米勒1958年给出的公司价值与资本结构的无关性定理有异曲同工之妙。科斯也因为将交易成本这一概念引入经济理论分析而获得了1991年的诺贝尔经济学奖。

但是，詹森和麦克林模型也是前三代估值模型的进一步发展，依旧属于权衡理论，认为债务对公司价值的影响取决于税盾效应、破产成本和代理成本这三种效应的权衡，依旧存在理论上的最优资本结构，而且他们提出的代理成本，与破产成本一样，难以度量，更适合于对金融现象的解释。

### 8. 自由现金流估值模型：第二代模型与第四代模型的融合

詹森延续他和麦克林1976年的分析，继续探讨股权与债务的代理成本，并在1986年的《自由现金流的代理成本、公司融资与收购》一文中提出了自由现金流（free cash flow，FCF）概念。

詹森定义的自由现金流是指，公司在满足对所有以加权平均资本成本进行折现后净现值为正的项目的投资需求后，剩余的那部分现金流。当公司存在大量的自由现金流时，有公司控制权的少数内部股东或者经理层，出于自身利益的考虑，会倾向于将自由现金流用于增加在职消费，或者投资于回报率相对较低的项目以达到增加所控制资源的能力，例如进行错误收购（bad acquisitions）。因此，由于内部股东或者经理层的利益动机，公司规模将扩张至超出最优规模的临界点，损害外部股东的利益。简言之，降低股权代理成本的核心就是，外部股东应当努力促使少数内部股东或经理层降低对自由现金流的侵占，避免后者将现金流用于投资低回报的项目，或者在公司的低效率运行中浪费掉。

詹森指出，债务不仅有激励效应下的代理成本以及可能引致的破产成本，同时也会带来改善公司运行效率、降低股权代理成本的收益，这被称为“自由现金流假说（free cash flow hypothesis）”。公司发行公司债券或者向银行借债后，对债权人的利息支付，不同于股利，具有法定清偿的义务，这就能够缓解少数内部股东或者经理层对自由现金流的控制与浪费问题。用债务替代股利后，少数内部股东或者经理层将承受付息的压力，若不按时付息，公司将会陷入财务困境与破产风险，这将降低内部股东或者经理层对自由现金流的控制，即降低自由现金流的代理成本。

自由现金流概念的引入，本质上是对股权和债务的代理成本的拓展分析，债务不仅具有税盾效应，还能降低自由现金流的代理成本，这本身是对代理成本理论上的探讨。但自由现金流这一理论概念，却逐步往实务上渗透，并与 *MMI* 估值法和 *WACC* 估值法结合起来，最终形成公司估值实践中最广为使用的折现自由现金流模型（discounted free cash flow，DFCF）。以 *WACC* 估值法为例，“鹦鹉估值三部曲”简化为：

第一步：估算公司或项目未来的自由现金流 *FCF*。

第二步：估算公司或项目加权平均资本成本 *WACC*。

第三步：用 *WACC* 对 *FCF* 折现，估算公司价值或项目价值。

1990年，科普兰（Tom Copeland）、科勒（Tim Koller）和默林（Jack Murrin）基于在麦肯锡咨询公司的多年公司估值实践，在《价值评估：公司价值的衡量与管理》（*Valuation: Measuring and Managing the Value of Companies*）一书中，尝试将自由现金流从理论定义转为操作性定义。科普兰等将自由现金流定义为公司经营产生的总现金流与公司的再投资之差，是公司的真实经营现金流量（true operating cash flow），是可以直接用于分配给股东和债权人的现金流。给定自由现金流的操作性定义后，科普兰等尝试给出了自由现金流的度量：

$$FCF \approx EBIT \cdot (1-t) + D + A - ANWC - Capex$$

即自由现金流等于将息税前利润 *EBIT* 按企业所得税税率 $t$ 缴

纳企业所得税之后，加上折旧*D*和摊销*A*（amortization），减去净营运资本增加*ANWC*（additions to net working capital），再减去资本性支出*Capex*（capital expenditures）。这里忽略了在商誉（goodwill）和其他资产上的新增投资等因素，在应用中可依据实际情况进行调整。

科普兰等假设自由现金流与资本结构无关，即自由现金流不受财务杠杆的影响，这与自由现金流出现的本意在某种程度上背道而驰，因为自由现金流影响代理成本，进而影响到息税前利润。这就表明，折现自由现金流模型*DFCF*本质上是第二代估值模型的拓展，是对*MMI*估值法和*WACC*估值法中现金流的进一步完善，使得第二代估值模型更加符合实践情形。

9. 第五代模型：含控制权收益的格罗斯曼和哈特模型

科斯对交易成本的定义，更多是一种哲学式探讨，难以度量。威廉姆森（Oliver E. Williamson）另辟蹊径，探究企业的上下游一体化或者纵向一体化（vertical integration）问题，这体现在他1971年的研究中，该文也是他在诺贝尔经济学奖获奖致辞中首先强调的能够代表其理论贡献的研究。威廉姆森核心思想主要体现在他的“交易成本经济学（transaction cost economics）三部曲”之中：1975年出版的《市场与层级制：分析与反托拉斯含义》（*Markets and Hierarchies: Analysis and Antitrust Implications*），1985年出版的《资本主义经济制度》（*The Economic Institutions of Capitalism*），1996年出版的《治理机制》（*The Mechanisms of Governance*）。威廉姆森基于人的有限理性（bounded rationality）和投机主义（opportunism）这两个假设，以交易为分析单位，以资产专用性（asset specificity）为主要维度，发展出了第二代产权理论。威廉姆森也因此获得了2009年的诺贝尔经济学奖。

沿着科斯开创的框架，威廉姆森侧重分析交易，德姆塞茨侧重分析合同，这两种范式在后续发展中逐步融合起来。威廉姆森假设人的有限理性，必然意味着不完全合同（incomplete contracts），从而与完全合同（complete contracts）有别。代理理论或者委托代理理论，逐步与完全合同融合在一起，在一定意义上与机制设计（mechanism design）、信息经济学成了同义词。产权理论、交易成本经济学或者新制度经济学，则与不完全合同融合在一起。

在科斯、威廉姆森、德姆塞茨、詹森、麦克林等人的研究基础上，格罗斯曼（Sanford J. Grossman）和哈特（Oliver D. Hart）在1986年对企业的定义做出了实质性突破：企业由其所拥有的机器、存货等资产组成，企业的所有权定义在资产的剩余控制权（residual rights of control）上。由于合同的不完全性，格罗斯曼和哈特将合同权利分为两类：约定权利（specific rights）和剩余权利（residual rights）。剩余权利是在合同规定之外的对资产使用或处置的权利，购买资产本质上就是购买资产的剩余权利。对甲方而言，拥有一家企业（一体化）和与拥有该企业的乙方签订合同以获得某种服务（非一体化）的关键区别在于，一体化下，甲方可以解雇包括乙方在内的工人，而非一体化下，甲方只能中止与乙方的合作，即整体“解雇”乙方。如果甲方收购乙方，甲方就能获得乙方资产的控制权收益，但由于这种收益归甲方所有，原有的乙方资产所有者将会产生投机行为，甲方是否进行一体化，取决于控制权收益与投机产生的成本二者之间权衡。

1990年，哈特与莫尔（John Moore）一起，将1986年的观点做了进一步拓展，研究所有权变化如何影响经理与工人的激励问题。这两篇论文的出现，标志着第三代产权理论的成型，又被称为格罗斯曼—哈特—莫尔模型或者GHM模型，或者基于1986年的研究简称为格罗斯曼和哈特模型。哈特也因为对不完全合同和剩余控制权的分析，获得了2016年的诺贝尔经济学奖。

格罗斯曼和哈特模型表明，公司价值还应该包括控制权收益：

$$V_L \equiv B + S = V_U + TS - BC - AC + RB$$

其中，控制权收益用$RB$表示。可以看出：

第一，代理成本与控制权收益，实质是将合同视为完全合同或是不完全合同的结果。因此二者本身既融合又互补，而且难以彼此界定。格罗斯曼和哈特模型与詹森和麦克林模型，本质上是一枚硬币的两面。

第二，控制权收益与代理成本一样，客观存在，但难以度量，难以清晰界定，主观性较强。

第三，格罗斯曼和哈特估值模型意味着，对公司价值的估算中，应该区分对估值公司是否具有控制权的情形。不同的股权比例所对应的股权价值，不应该仅仅是整体股权价值的同比例变化。股权价值随股权比例变化，整体应该呈现非线性结构，这就是不同控制权形成的收益差异所致。

### 10. 五代估值模型总结

威廉姆斯1938年提出的股利模型，是绝对估值法下的第一代模型，是将股利这一现金流进行折现来度量股权价值。

杜兰在1952年将股利指标调整为净经营利润和净利润这两个现金流指标，在后续的发展中分别用于公司价值评估和股权价值评估。

莫迪利安尼和米勒1958年和1963年的两篇研究，标志着第二代估值模型的成熟：MM第一定理估值模型及其推论加权平均资本成本估值模型。公司价值可以表示为无杠杆公司价值加上债务形成的税盾，并可以简化为预测现金流、预测加权平均资本成本、折现估值这“鹦鹉估值三部曲”。

1976年的斯科特模型则是在第二代估值模型基础上，引入破产成本，由此形成了第三代估值模型。

1976年的詹森和麦克林模型以及1986年格罗斯曼和哈特模型，分别在第三代模型基础上引入代理成本和控制权收益，实质是在将公司定义为合同关系基础上，将合同视为完全和不完全的结果。

从第三代模型开始，破产成本、代理成本与控制权收益均难以度量，因此第二代模型依旧是绝对估值法的主流模型，与第四代模型的自由现金流融合后，应用更为广泛。

## 四、估值：科学、哲学抑或艺术

从公司价值方法论的发展来看，估值是一门科学。首先，估值方法的流程科学，无论是绝对估值法下的“鹦鹉估值三部曲”，还是相对估值法、重置成本法与实物期权法，都呈现这一特点。其次，估值方法的数学逻辑严密，基本能够给出清晰的数学公式，而且能够给出每个估值模型所成立的条件。最后，估值方法能够容纳数据科学的方法论，与数据分析紧密联系在一起。

从对公司价值的认知来看，估值同样是一门哲学。首先，公司价值具有客观属性还是主观属性，是客观价值论和主观价值论争论的焦点，这实际上是一种哲学式争论。其次，公司价值估值模型取决于对企业的哲学认知或定义，这从绝对估值法下的五代估值模型可以看出。最后，公司价值估值模型取决于对风险与不确定性的认知。因为需要对未来的现金流进行预测，这本身就表明现金流具有随机性和不确定性。如果投资者仅仅关注期望值这个一阶原点矩，就可以推出投资集中化的决策。如果投资者还同时关注方差这个二阶中心矩，就能推出投资分散化的决策。事实上，公司价值同样存在更高阶矩的分析，这取决于对风险与不确定性的认知，取决于未来现金流能否进行度量的认知。

从对估值模型的应用来看，估值还是门艺术，根源在于三个不可知。首先，分布不可知。公司价值或者现金流本质上是个随机变量，但概率分布不可能被知晓，只能被预测。估值模型，本质上就是该概率分布下对应的期望值。其次，参数不可知。莫迪利安尼和米勒估值模型中无杠杆股权资本成本、斯科特模型中的破产概率、詹森和麦克林模型中的内部股东偏好、格罗斯曼和哈特模型中剩余控制权形成的不可测收益，都是客观存在，但不可知。客观属性最强的实物期权模型，某种程度上仅需资产价格的波动率，但这一参数显然不可知。最后，人性不可知。估值模型越发展，公司“还原为人”的程度就越强，这与古典经济学的观点相一致，因为公司最终为人所有。人或许能知晓自己的偏好，但很难知晓其他人的偏好，古典经济学正是靠价格接受者这一同质化假设来简化分析，此时所有人都只听市场价格这根指挥棒进行决策，无需关注其他。但在真实世界中，人性显然不可知，正所谓“人心隔肚皮”。估值模型还原到人性上，如詹森和麦克林模型、格罗斯曼和哈特模型等，基于对人性的理解可以解释繁杂的金融现象，但更多的是存在性的探讨，仅此而已。

正是由于分布、参数和人性三不知，估值逐步演化为一种“估项目就是估人、投项目就是投人”的艺术。世间万物，人终究最复杂，也最宝贵。

# 第一章
# 威廉姆斯（1938）：股利折现模型

如果经济分为供给和需求两个基本面，那么公司价值也可以分为客观价值与主观价值两大体系。客观价值体系主要以威廉姆斯（John Burr Williams，1899—1989）和格雷厄姆（Benjamin Graham，1894—1976）为代表，主观价值体系主要以凯恩斯（John Maynard Keynes，1883—1946）为代表。

威廉姆斯在经历20世纪20年代多头市场的狂欢与30年代的股市大危机后，重新回到哈佛大学攻读经济学博士，想尝试构建一种关于投资的基础理论来解释经济大危机。请教熊彼特后，威廉姆斯最终确定以股票的内在价值（intrinsic value）或客观价值为研究主题，于1937年完成了博士论文《投资估值理论》（*The Theory of Investment Value*），并于1938年出版。威廉姆斯提出，"养母牛为了牛奶，养母鸡为了鸡蛋，买股票为了股利"。因此，股票价值是未来分配给股东的股利以折现率进行折现后的现值，并在一定条件下给出了计算公式，即股利折现模型（dividend discount model，DDM），这已经蕴含了投资实践中广为熟知的折现现金流（discounted cash flow，DCF）的基本思想。

经济学中，要想证明学术思想的原创性极为不易，因为一切思想都可能在更早期的论著中不断地找到萌芽。思想实际出现的时间，可能要比一般认定的起源时间，提前数十年甚至几百年。1982年诺贝尔经济学奖得主斯蒂格勒（George J. Stigler）的儿子小斯蒂格勒（Stephen M. Stigler）曾指出，科学思想从未以其最初发现者的名字来命名，即著名的斯蒂格勒命名法则（Stigler's Law of Eponymy）。因此投资思想或估值思想极有可能追溯不到正确的源头。

以折现现金流思想为例，更早期的费雪（Irving Fisher，1867—1947）就曾有过系统的论述。费雪在1907年出版论著《利率论》（*The Rate of Interest*），此后尝试进行修订，但修订完善的过程中，他发现修订版更适合作为一本新书，这就是1930年出版的《利息理论》（*The Theory of Interest*）。在《利息理论》中，费雪明确指出，资本价值，就是未来收入的折现，或者说是未来收入的资本化。在此基础上，他进一步提出了折现原理（The Discount Principle），即每件商品或证券的价值取决于两个因素：投资人预期的收益流和对收益流进行折现的市场利率。对利率或折现率的分析，正是他书名的由来。或许本书的这句话更广为人知："投资就是推迟的消费。"

他指出，折现率受时间偏好（time preference）和投资机会影响，而时间偏好也被他称为人性急躁（human impatience）。更重要的是，他明确指出，利率取决于时间偏好，时间偏好又取决于未来收益流的路径，而不同的未来收益流选择，又取决于利率。他打破这种循环论证的方式是，构建方程组来同时决定这些参数，其中独立方程式的个数与未知数个数相同。折现率与现金流相互影响的复杂性，可见一斑。费雪主要借助于两期模型来进行利率的分析，而威廉姆斯的股利模型或许是第一个在多期甚至无穷期背景下，将折现现金流思想应用于股票价值的研究并明确给出解析表达式的模型，这里将股利折现模型视为折现现金流法的第一代估值模型。

与威廉姆斯差不多同时期的格雷厄姆在华尔街以证券分析著称。1934年他与多德（David L. Dodd）合作出版了代表作《证券分析：原理与技术》（*Security Analysis: Principles and Technique*），多次修订，经久不衰。1949年，格雷厄姆又出版了另一部代表作《聪明的投资者》（*The Intelligent Investor*）。格雷厄姆是坚定的价值投资拥护者，基本方法是分析资产负债表和利润表。他认为进行投资分析，并非要精确地计算出某只股票的内在价值，而是基于财务报表分析，与当前股票价格相比，判断其是否偏低，做出相应的投资决策。《证券分析：原理与技术》中的第31章分析利润表时，他们将当时华尔街对普通股股票价格的估算方法总结为：股票价格等于每股收益（earnings per share，EPS）乘以质量系数（quality coefficient）。质量系数就是一种倍数，主要用于反映股息率、股息记录、公司地位、公司所属的行业性质、市场总体趋势等，这某种程度上可以视为相对估值法的源头。

凯恩斯开始研究的是数学，1921年出版其代表作之一的《论概率》（*A Treatise on Probability*），后来研究领域由数学转向经济学。他一生在经济领域建树颇丰，曾任英国经济顾问，参与英国的各项经济决策。凯恩斯在1930年出版的《货币论》（*A Treatise on Money*）的基础上，于1936年出版论著《就业、利息和货币通论》（*The General Theory of Employment, Interest and Money*），简称为《通论》，经济学只要提到《通论》，基本就是指这本书，可见其影响之大。在《通论》中，他指出对公司利润进行长期准确预测不可能，应当将长期预测分解为一系列的短期预测，这时候投资者的兽性（animal spirit）和运气就极为重要。凯恩斯的投资哲学实际上抛开了股票的内在价值，强调股票在众多投资者之间形成平均心理价值，专业投资者应把握众多投资者的心理，进行投资。凯恩斯认为股票价格由投资者心理决定而非内在价值决定的思想，有时也被称为空中楼阁理论（castle-in-the-air theory）。这可以视为主观估值法的源头。

以威廉姆斯和格雷厄姆为代表的客观价值体系，一般都有建立在数理逻辑基础上相应的估值表达式，在后续的发展中，逐步与经典金融理论融合在一起。以凯恩斯为代表的主观价值体系，侧重对投资者的预期心理研究，侧重对估值相关的信息分析，从而逐步与行为金融联系在一起。

## 第一节　《投资估值理论》

### 一、威廉姆斯与《投资估值理论》

威廉姆斯一生，投资相当成功，身家富有。他最初在哈佛大学攻读数学和化学，1923年进入哈佛商学院，开始接触经济预测与投资科学。从哈佛商学院毕业后，他先后在华尔街的海登斯通和希金森两家公司任证券分析师，经历了20世纪20年代多头市场的狂欢与30年代的股市大危机，这激发了他对公司价值该如何评估的思考。

带着这一问题，而立之年的威廉姆斯重新回到哈佛大学攻读经济学博士，尝试对经济大危机给出经济学解释。请教熊彼特（Joseph Alois Schumpeter，1883—1950）之后，结合自身投资实践与研究兴趣，他最终确定以“股票内在价值”为研究主题，并于1937年完成了博士论文《投资估值理论》。尽管在1940年才完成博士论文答辩，威廉姆斯1938年就与哈佛大学出版社协商，自付部分费用出版了这一著作。为了打消出版社对该书数学符号过多的顾虑，他乐观地表示，数学将作为强大的分析工具，推动投资科学的发展。在该书的引言部分，他就明确指出，与经典的垄断理论、货币理论、国际贸易理论类似，要建立一个逻辑自洽的投资估值理论体系。

## 二、股利折现模型

在该书的第5章中，他明确指出，公司股票价值等于未来所有股利的贴现值。为了说明应该使用股利（dividend）而非利润（earnings）进行折现，他借用了一个农夫给儿子的忠告：“养母牛为了牛奶，养母鸡为了鸡蛋，买股票为了股利；种果园为了水果，养蜜蜂为了蜂蜜，买股票终究为了股利。”

为了表述股利折现模型，不妨引入一些数学符号。假设股票当前每股价格为 $P_0$，投资者打算持有1年，1年后获得的股利为 $D_1$，

并以价格 $P_1$ 抛出。假设使用的折现率为 $R_S$，则股票当前的价格为：

$$P_0 = \frac{D_1}{1+R_S} + \frac{P_1}{1+R_S}$$

以此类推，股票的当前价格可以表示为未来所有股利的折现之和：

$$P_0 = \frac{D_1}{1+R_S} + \frac{1}{1+R_S}(\frac{D_2}{1+R_S} + \frac{P_2}{1+R_S}) = \sum_{i=1}^{T/\infty} \frac{D_i}{(1+R_S)^i}$$

如果假设未来各期的股利都相等，均为 $D$，且该公司永续存在，这时每期获得的股利就可以理解为永续年金（perpetuity），上式可以进一步简化为：

$$P_0 = \sum_{i=1}^{\infty} \frac{D}{(1+R_S)^i} = \frac{D}{R_S}$$

这里用到了级数求和公式 $1+x+x^2+\cdots=1/(1-x)$。上式就是股利折现模型，也被称为DDM模型，它是具有明确解析表达式的第一个估值模型。

对DDM模型，可以从以下几点做进一步解释：

第一，威廉姆斯虽然不是第一个提出现值（present value，PV）和折现现金流法（discounted cash flow，DCF），但他却使得现值与折现现金流法逐步被投资者接受。

第二，金融理论中常用的无套利概念虽然由莫迪利安尼（Franco Modigliani，1918—2003）和米勒（Merton H. Miller，1923—2000）在1958年提出，但股利折现模型事实上蕴含了无套利思想。也就是说，在任意时点，股票的价格都是唯一的，而且不同时点之间的价格折现到任一时点的折现值也唯一。

STOCKS WITH GROWTH COMPLETED 77

declining enterprises shrink. We shall not consider the problem of bond values at this point, however, because the formulas used can more easily be developed later; since the bond formulas for a period of inflation turn out to be much like the stock formulas for growing companies, it seems best to cover the subject in a later chapter.

2. STOCKS WITH CONSTANT DIVIDENDS

Preferred stocks, and common stocks of mature companies, which neither wax nor wane in dividend-paying power, may be evaluated by the following formula: [2]

(8a) $$V_o = \frac{\pi}{i}$$

where

$V_o$ = investment value
$\pi$ = real dividend per year
$i$ = rate of interest on investment

This formula states that the investment value of a stock whose dividends are constant is equal to a single year's dividend divided by the rate of interest sought on the investment.

To prove this theorem by algebra, one must make use of a well-known device for finding the value of an infinite series; this device will be used again and again in the pages to follow, and its use is shown below:

To prove:

(8a) $$V_o = \frac{\pi}{i}$$

Given:

(1a) $$V_o = \sum_{t=1}^{t=\infty} \pi_t v^t$$

[2] The application of this formula is illustrated in Chapter XXI, § 1, dealing with General Motors

了

图 1.1 威廉姆斯 1938 年在《投资估值理论》中对股利折现模型的推导，公式 8a

第三，折现方式采用复利（compounding）而非单利，是为保证贴现形成的无穷级数求和有解，使得股票价格在一定条件下可以表示为股利除以贴现率的极简形式。

第四，如果用股票价格乘以公司发行的总股数，就是公司的股权价值。也就是说，DDM模型也是第一个有明确解析表达式的股权估值模型。

第五，如果公司的每期股利都增长，假设增长速度固定为 $g$，其他条件不变，威廉姆斯同样给出了当期股票价格的计算公式：

$$P_0 = \frac{D_1}{R_S - g}$$

这一公式后来被戈登（Myron J. Gordon）和夏皮罗（Eli Shapiro）在1956年重新表达为：

$$R_S = \frac{D_1}{P_0} + g$$

从而被阴差阳错地称为戈登增长公式（Gordon growth formula）。折现率或股权收益率被分解成易于资本市场理解的两部分：股利收益率和预期增长率。使用该公式时，显然要求：$R_S > g$。

第六，威廉姆斯认为公司价值与资本结构无关，但也认为风险可以完全分散掉，这在本章第四节再进行分析。

88 INVESTMENT VALUE AND MARKET PRICE

(1a) $$V_o = \sum_{t=1}^{t=\infty} \pi_t v^t$$

$$= \sum_{t=1}^{t=\infty} \pi_o u^t v^t$$

(1ac) $$= \pi_o \sum_{t=1}^{t=\infty} w^t$$

where

(15) $$w = uv, \text{ by definition}$$

By the method used for stocks in an earlier chapter,[2] we can find the limit[3] of the foregoing infinite series thus:

(1ad) $$\pi_o \sum_{t=1}^{t=\infty} w^t = \pi_o w \, (1 + w + w^2 + w^3 + \cdots)$$

(1ae) $$= \frac{\pi_o w}{1-w} \lim_{t \to \infty} (1 - w^t)$$

The dependence of $V_o$ on $w$ is as follows:
If $w < 1$, then $V_o$ is finite, for

$$\lim_{n \to \infty} \pi_o \sum_{t=1}^{t=n} w^t = \frac{\pi_o w \, (1 - 0)}{1 - w}$$

(17a) $$= \frac{\pi_o w}{1 - w}$$

If $w = 1$, $V_o$ is infinite, for

$$\lim_{n \to \infty} \pi_o \sum_{t=1}^{t=n} w^t = \pi_o w \frac{1-1}{1-1}$$

(17b) $$= \pi_o w \frac{0}{0}$$

[2] See Chapter VI, § 2.
[3] *Note to the non-technical reader* The limit of an infinite series is the value which that series approaches as the number of its terms is allowed to increase

图 1.2 威廉姆斯在《投资估值理论》中对永续增长股利折现模型的推导，公式 17a

# 第二节　威廉姆斯与凯恩斯估值思想之争

## 一、凯恩斯与《通论》

经济学家凯恩斯（John Maynard Keynes，1883—1946）出生于英国剑桥，母亲曾任剑桥市长，父亲是剑桥大学教授。他一生在经济领域建树颇丰，曾任英国经济顾问，参与英国的各项经济决策，并代表英国参加布雷顿森林会议，也是世界银行的第一任总裁。

那个时代从事经济学研究的学者，或许都想写一本货币理论作为自己的代表作，凯恩斯不例外，熊彼特和哈耶克（Friedrich August von Hayek，1899—1992）等也一样，他们都有自己的货币理论著作。凯恩斯的《货币论》（*A Treatise on Money*）出版于1930年，也是他的代表作之一，该书出版之后一直想再版，由于修订过程中，内容修改较大，逐步形成了另一本著作，这就是《就业、利息和货币通论》（*The General Theory of Employment, Interest and Money*），经济学只要提到《通论》，基本就是指这本书，可见其影响之大。

凯恩斯不仅在学术和政治领域相当成功，同样也是一位成功的投资家，并管理剑桥大学国王学院的捐赠基金。在大萧条前夕的1928年，凯恩斯依旧活跃于多头市场，这使得他在1929年的股市崩盘中，一度亏损达80%，濒临破产。在随后惨淡经营的数年中，他不断总结反思，逐步扭亏为盈，其投资思想也被总结在《通论》之中，其中比较有名的是选美比赛假说。

## 二、选美比赛假说

凯恩斯继承了马尔萨斯（Thomas Robert Malthus，1766—1834）的“有效需求不足”观点，认为边际消费倾向小于1是消费需求不足的原因，资本边际收益率递减是投资需求不足的原因，在《通论》中，他花较大的篇幅对消费和投资分别加以论述。

《通论》第12章中，凯恩斯指出，人们的决策基础是长期预期状态，不仅包括做出的最有可能的预测，还包括做预测时的信心状态，且信心状态是决定资本边际效率的主要因素之一。假设投资价值唯一受预期利润的影响，但预期利润的形成，最客观的事实是它具有极端不确定性。

凯恩斯指出，商业投资是技巧和运气的综合博弈，投资者并不知道他们平均可获得的结果。因此，股票投资受股票经纪人的平均预期所制约，并不受专业投资者的真实预期所制约。专业投资者和投机者所关注的，并非是对预期利润做完美的长期预测，而是预测公众估值基础的变化。也就是说，他们关注的是受公众影响的投资价值，而非“持有”的投资价值，这是有组织的投资市场不可避免出现的结果。凯恩斯随后加以举例：花25元投资一个预期利润为30元、但3个月后市场价值为20元的项目，显然不明智。专业投资者被迫关心即将产生的变化以及伴随这种变化的消息与氛围，这种心理对投资影响极大。

凯恩斯认为，专业投资者的目标应该是“偷跑”，即与大多数人的智慧赛跑，超过那些差的，使大部分投资者处于不如他的位置。他借用“叫停递物、音乐椅子”的游戏加以描述：大家一起听着音乐围绕椅子转，同时传递某一物品，谁能在游戏结束时把物品传递给自己的邻居、在音乐结束时能保持自己的椅子，谁就是胜利者。显然，参与者玩这个游戏可以获得很大乐趣，都知道东西在所有人中轮换，而且也都知道音乐停止时有人没有座位。凯恩斯随后进一步阐释了这个隐喻，这就是“选美比赛假说”，规则如下：

第一，报纸上刊登100张美女照片，每个参赛者选出他认为美的6张。第二，谁的选择结果与全体参赛者的平均结果最接近，谁就获胜。

此时，参赛者选择的结果并不是他真心认为的最美的照片，而是选择能吸引其他参赛者注意力的照片。所有参赛者都从这一角度出发，将智力投入去预测参赛者的一般预测时，就已经到达了第三层，凯恩斯认为甚至还有第四层、第五层的预测。

## 三、内在价值与心理价值之争

如果将参赛者视为投资者，将照片视为投资标的或者股票，凯恩斯的投资思想一目了然。他认为，对利润进行长期准确预测不可能，应当将长期预测分解为一系列的短期预测，这时候投资者的兽性（animal spirit）和运气就极为重要。凯恩斯的投资哲学实际上抛开了股票的内在价值，强调股票在众多投资者之间形成平均心理价值，专业投资者应把握众多投资者的心理，进行投资。

这恰恰是威廉姆斯所反对的，他认为投资决策应该从股票的心理价值回归到内在价值层面上，这也是他选择“股票内在价值”为博士论文研究主体的动机所在。威廉姆斯研究的核心结论就是，股票的内在价值由拥有该股票所获得的股利的折现值所决定，这种折现现金流思想也逐步发展为投资估值的主流思想。

CH. 12 LONG-TERM EXPECTATION 155

really worth to a man who buys it "for keeps", but with what the market will value it at, under the influence of mass psychology, three months or a year hence. Moreover, this behaviour is not the outcome of a wrong-headed propensity. It is an inevitable result of an investment market organised along the lines described. For it is not sensible to pay 25 for an investment of which you believe the prospective yield to justify a value of 30, if you also believe that the market will value it at 20 three months hence.

Thus the professional investor is forced to concern himself with the anticipation of impending changes, in the news or in the atmosphere, of the kind by which experience shows that the mass psychology of the market is most influenced. This is the inevitable result of investment markets organised with a view to so-called "liquidity". Of the maxims of orthodox finance none, surely, is more anti-social than the fetish of liquidity, the doctrine that it is a positive virtue on the part of investment institutions to concentrate their resources upon the holding of "liquid" securities. It forgets that there is no such thing as liquidity of investment for the community as a whole. The social object of skilled investment should be to defeat the dark forces of time and ignorance which envelop our future. The actual, private object of the most skilled investment to-day is "to beat the gun", as the Americans so well express it, to outwit the crowd, and to pass the bad, or depreciating, half-crown to the other fellow.

This battle of wits to anticipate the basis of conventional valuation a few months hence, rather than the prospective yield of an investment over a long term of years, does not even require gulls amongst the public to feed the maws of the professional;—it can be played by professionals amongst themselves. Nor is it necessary that anyone should keep his simple faith in the conventional basis of valuation having any genuine long-term validity. For it is, so to speak, a game of Snap,

图 1.3 凯恩斯 1936 年在《通论》中对心理价值的论述

156 THE GENERAL THEORY OF EMPLOYMENT BK. IV

of Old Maid, of Musical Chairs—a pastime in which he is victor who says *Snap* neither too soon nor too late, who passes the Old Maid to his neighbour before the game is over, who secures a chair for himself when the music stops. These games can be played with zest and enjoyment, though all the players know that it is the Old Maid which is circulating, or that when the music stops some of the players will find themselves unseated.

Or, to change the metaphor slightly, professional investment may be likened to those newspaper competitions in which the competitors have to pick out the six prettiest faces from a hundred photographs, the prize being awarded to the competitor whose choice most nearly corresponds to the average preferences of the competitors as a whole; so that each competitor has to pick, not those faces which he himself finds prettiest, but those which he thinks likeliest to catch the fancy of the other competitors, all of whom are looking at the problem from the same point of view. It is not a case of choosing those which, to the best of one's judgment, are really the prettiest, nor even those which average opinion genuinely thinks the prettiest. We have reached the third degree where we devote our intelligences to anticipating what average opinion expects the average opinion to be. And there are some, I believe, who practise the fourth, fifth and higher degrees.

If the reader interjects that there must surely be large profits to be gained from the other players in the long run by a skilled individual who, unperturbed by the prevailing pastime, continues to purchase investments on the best genuine long-term expectations he can frame, he must be answered, first of all, that there are, indeed, such serious-minded individuals and that it makes a vast difference to an investment market whether or not they predominate in their influence over the game-players. But we must also add that there are

图 1.4　凯恩斯 1936 年在《通论》中对选美比赛的描述

## 第三节 威廉姆斯与格雷厄姆估值思想之争

### 一、格雷厄姆与《证券分析：原理与技术》

格雷厄姆（Benjamin Graham，1894—1976）在华尔街享有盛誉，1934年与多德（David L. Dodd）合作出版了代表作《证券分析：原理与技术》（*Security Analysis: Principles and Technique*），多次修订，经久不衰。1949年，格雷厄姆又出版了另一部代表作《聪明的投资者》（*The Intelligent Investor*）。他和多德一起，在《证券分析：原理与技术》中设计了一套详细而复杂的分析准则。他们还尝试回答了投资与投机的区别：投资是基于详细的分析，以实现本金安全和回报有保证为目标的行为，不符合这一标准的行为就是投机。

从估值方法论角度而言，《证券分析：原理与技术》一书的重要意义在于，在第40章论述资本结构时，提出如下问题：资本结构变化是否会改变公司价值？

假设存在甲、乙、丙3家公司，每家公司的平均收益均为100万元，可以将其理解为息税前利润（earnings before interest and tax，EBIT），即毛利润扣除各类成本和费用之后的利润。3家公司除资本结构不同外，其余全部一样，也就是说，3家公司唯一的差异就是债务和股权的融资安排。甲公司依靠发行10万股普通股进行股权融资，乙公司依靠发行年利息率为5%的500万元公司债券、10万股普通股进行融资，丙公司依靠发行年利息率为5%的1000万元公司债券、10万股普通股进行融资。此外，假设普通股价格为每股收益的10倍。

将公司价值定义为股权价值和债务价值之和，通过简单的计算，会发现3个公司的价值有差异：

甲公司价值：$(100/10)\times10\times10=1000$ 万元。

乙公司价值：$[(100-5\%\times500)/10)]\times10\times10+500=1250$ 万元。

丙公司价值：$[(100-5\%\times1000)/10)]\times10\times10+1000=1500$ 万元。

具有完全相同能力的公司，在价值方面的差异，唯一取决于资本结构。格雷厄姆和多德随后提出了如下问题：债券价值是它的平价，而股票价值是收益的10倍，这一假设合理吗？他们给出了两种解释：

首先，如果乙公司的股票价格是其对应收益的10倍，那么甲公司股票价格的相应倍数就应该高于乙公司。因为甲公司的资本结构问题被过度简化，实际上包括了乙公司的债券和股票两种成分。甲公司股票的一部分相当于乙公司的债券，从理论上应该以相同的折现率来评估其价值，即采用利息率5%，其余部分仍按照10%的折现率进行评估。调整后，甲公司的股权价值应为：

$$500+(100-5\%\times500)\times10=1250\text{ 万元}$$

其次，以乙公司为例，其债券价格能以高于100元的价格出售，因为公司的收益是利息的4倍。

从这可以看出，他们实际上已经发现，这3家公司的价值，在理论上应该相等，这与莫迪利安尼（Franco Modigliani）和米勒（Merton Miller）在1958年的分析极为类似，公司价值在理想条件下，应与资本结构无关。但随后他们分析指出，甲公司股票1250万元的价值很难实现，因为投资者几乎认识不到甲公司普通股中存在的“债券成分”。公司最优资本结构应当包括高级证券，其发行规模应以能够被安全地发行且能够被当作投资标的购买为准。从股东角度看，如果乙公司的500万元债券，能够达到安全投资标的标准，那么乙公司的资本结构明显就要优于甲公司。

这种分析就偏离了对公司价值剖析的康庄大道。也就是说，他们距离公司金融（corporate finance）中最重要的无关性定理仅一步之遥，甚为遗憾！

## 二、绝对估值与相对估值

除了对资本结构与公司价值有着极为深刻的认识外，格雷厄姆在估值方法上，基于实践的角度，经常使用相对估值法。在他和多德合著的《证券分析：原理与技术》中的第31章分析利润表时，他们将当时华尔街对普通股股票价格的估算方法总结为，股票价格等于每股收益（earnings per share，EPS）乘以质量系数（quality coefficient）：

# CHAPTER XL

## CAPITALIZATION STRUCTURE

The division of a company's total capitalization between senior securities and common stock has an important bearing upon the significance of the earning power per share. A set of hypothetical examples will help make this point clear. For this purpose we shall postulate three industrial companies, *A*, *B*, and *C*, each with an earning power (*i.e.*, with average and recent earnings) of $1,000,000. They are identical in all respects save capitalization structure. Company *A* is capitalized solely at 100,000 shares of common stock. Company *B* has outstanding $5,000,000 of 5% bonds and 100,000 shares of common stock. Company *C* has outstanding $10,000,000 of 5% bonds and 100,000 shares of common stock.

We shall assume that the bonds are worth par and that the common stocks are worth ten times their per-share earnings. Then the value of the three companies will work out as follows:

| Company | Earnings for common stock | Value of common stock | Value of bonds | Total value of company |
|---|---|---|---|---|
| *A* | $1,000,000 | $10,000,000 | ........... | $10,000,000 |
| *B* | 750,000 | 7,500,000 | $ 5,000,000 | 12,500,000 |
| *C* | 500,000 | 5,000,000 | 10,000,000 | 15,000,000 |

These results challenge attention. Companies with identical earning power appear to have widely differing values, due solely to the arrangement of their capitalization. But the capitalization structure is itself a matter of voluntary determination by those in control. Does this mean that the fair value of an enterprise can be arbitrarily increased or decreased by changing around the relative proportions of senior securities and common stock?

**Can the Value of an Enterprise Be Altered through Arbitrary Variations in Capital Structure?**—To answer this question

461

图 1.5　格雷厄姆和多德 1934 年《证券分析：原理与技术》中公司价值与资本结构关系的分析

$$P = E \times qc$$

其中，$P$、$E$和$qc$分别表示股票价格、每股收益和质量系数。质量系数就是一种倍数，主要用于反映股息率、股息记录、公司地位、公司所属的行业性质、市场总体趋势等。

格雷厄姆在1949年出版的另一部代表作《聪明的投资者》中，将投资者分为三类，即防御型投资者（the defensive investor）、攻击型投资者（the aggressive investor）和事业型投资者（the enterprising investor），并对每类投资者给出可操作的投资建议。例如，对防御型投资者而言，他认为股票价格不能超过每股收益的20倍，其中每股收益取值为过去5年甚至更长期的平均值。即使对1936年至1940年期间的战时情形，股票价格也不能超过每股收益的25倍。

在对事业型投资者的建议中，格雷厄姆将股票估值分为三步：预测每股收益，构建相应倍数并进行调整，估值。此时每股收益取值为未来5年进行预测收益的平均值，除了极端情形外，倍数应该介于8倍和20倍之间，正常情形取12倍。这种具体建议，已经给予投资者切实可行的操作方案。

从上式可以看出：

第一，格雷厄姆实际上给出了相对估值模型，这和当前金融实践中广泛使用的市盈率（price earnings ratio，P/E）本质相同。在使用质量系数作为倍数时，会考虑多种因素后进行折中。而在给出具体的倍数范围时，实质上已经简化为市盈率倍数法。

*ANALYSIS OF THE INCOME ACCOUNT* 351

respects: In the first place, he is embracing a *new* set of ideas which are alien to his everyday business experience. In the second place, instead of the twofold test of value afforded by both earnings and assets, he is relying upon a *single* and therefore less dependable criterion. In the third place, these earnings statements on which he relies exclusively are subject to more rapid and radical *changes* than those which occur in balance sheets. Hence an exaggerated degree of instability is introduced into his concept of stock values. In the fourth place, the earnings statements are far more subject to *misleading* presentation and mistaken inferences than is the typical balance sheet when scrutinized by an investor of experience.

**Warning against Sole Reliance upon Earnings Exhibit.**—In approaching the analysis of earnings statements we must, therefore, utter an emphatic warning against exclusive preoccupation with this factor in dealing with investment values. With due recognition of the greatly restricted importance of the asset picture, it must nevertheless be asserted that a company's resources still have some significance and require some attention. This is particularly true, as will be seen later on, because the meaning of any income statement cannot properly be understood except with reference to the balance sheet at the beginning and the end of the period.

**Simplified Statement of Wall Street's Method of Appraising Common Stocks.**—Viewing the subject from another angle, we may say that the Wall-Street method of appraising common stocks has been simplified to the following standard formula:

1. Find out what the stock is earning. (This usually means the earnings per share as shown in the last report.)
2. Multiply these per-share earnings by some suitable "coefficient of quality" which will reflect:
    a. The dividend rate and record.
    b. The standing of the company—its size, reputation, financial position, and prospects.
    c. The type of business (*e.g.*, an electric light company will sell at a higher multiple of earnings than a baking company).
    d. The temper of the general market. (Bull-market multipliers are larger than those used in bear markets.)

The foregoing may be summarized in the following formula:

Price = earnings per share × quality coefficient.[1]

[1] Where there are no earnings or where the amount is recognized as being far below "normal," Wall Street is reluctantly compelled to apply what is at bottom a more rational method of valuation, *i.e.*, one ascribing greater

图 1.6　格雷厄姆和多德 1934 年《证券分析：原理与技术》给出的相对估值公式，最后 1 行

160 BENJAMIN GRAHAM

made in accordance with this technique—with a diversification of ten or more issues—we have confidence that the over-all result will be satisfactory.

*Rules for the Appraisal of Common Stocks*

The eleven statements with which we conclude this chapter provide a set of rules to guide the investor or security analyst in his appraisal work. Since the procedure is still a comparatively new one, we may expect that improvements will be made in a number of directions. In any case, these suggestions are intended to be helpful rather than definitive.

1. The appraised value is determined by (a) estimating the earning power, (b) applying thereto a suitable multiplier, and (c) adjusting, if necessary, for asset value.

2. The earning power should ordinarily represent an estimate of average earnings for the next five years.

3. The above estimate should be developed preferably from a projection of the dollar volume and the profit margin. The starting point is the actual exhibit over some period in the past. Under conditions existing in early 1949 there is no "normal period" of past years which can be accepted as a direct measure of future earning power. However, an averaging of the results of an unusually good period and a subnormal period might be acceptable—for example, giving 50 per cent weight to the 1936–40 average after taxes and 50 per cent weight to 1947–48 or 1946–48.

4. When figures of earlier years enter into the calculation, proper adjustment should be made for subsequent changes in capitalization.

5. The multiplier should reflect prospective longer-term changes in earnings. A multiplier of 12 is suitable for stocks with neutral prospects. Increases or decreases from this figure must depend on the judgment and preferences of the appraiser. In all but the most exceptional cases, however, the maximum multiplier should be 20 and the minimum should be 8.

6. If the tangible-asset value is less than the earning-power value (earning power times multiplier), the latter may be reduced by some arbitrary factor to reflect this deficiency. Our suggested factor is as follows: Deduct one-quarter of the amount by which the earning-power value exceeds twice the asset value. (This permits a 100 per cent premium over tangible assets without penalty.)

图 1.7 格雷厄姆 1949 年《聪明的投资者》中给出的相对估值倍数建议，图中第 5 点

第二，与格雷厄姆相对估值模型相对应，威廉姆斯给出的股利折现模型被称为绝对估值模型。相对估值模型主要通过选取某一指标，如净利润或者息税前利润，乘以某一倍数，计算出公司价值或者股权价值。绝对估值模型则是对未来一系列的现金流，基于选择的折现率进行折现。从这一点上可以看出，相对估值模型具有应用简洁便利的特性。

第三，威廉姆斯和格雷厄姆都很重视公司的内在价值，重视量化分析，在这一点上二者一致，有别于凯恩斯的心理价值分析范式。威廉姆斯和格雷厄姆都相当重视公司的股利、净利润等客观属性指标，凯恩斯的心理价值分析范式明显主观性更强，很难形成计算公式。但是，格雷厄姆在构建质量系数这一倍数时，考虑多种因素后，也会带有心理价值评估的成分。

第四，威廉姆斯和格雷厄姆在选择指标上，前者更重视股利，后者更重视净利润。如果一个公司选择将净利润全部按股利发放，则二者的估值模型就可以进行统一。但如果一个公司选择不发放股利，而是选择将利润进行再投资，那么股利折现模型将失效，而相对估值模型依旧可以使用。

第五，绝对估值模型一定程度上也能够呈现相对估值的思想。这里不妨以股利折现模型为例，稍作变化，可得：

$$P_0 = \frac{D_1}{R_S} = D_1 \times \frac{1}{R_S} = aD_1$$

其中，参数 $a$ 为折现率 $R_S$ 的倒数，这样就可以将股票当前价格表示为股利的某一倍数。

第六，格雷厄姆认为内在价值是依据资产、净利润、股利、未来前景等事实所确认的价值，是一个难以精确描述的概念。也就是说，格雷厄姆认为，精确预测不可能。《证券分析：原理与技术》在1940年的第2版中，第39章分析股票价格，第1节标题即为“精确估值不可能（Exact Appraisal Impossible）”。威廉姆斯则是清晰地给出了股利折现模型，将股利折现后的现值定义为内在价值。

第七，格雷厄姆曾在1939年对威廉姆斯的《投资估值理论》给出书评，他怀疑将股利折现模型应用于预测的可行性。因为使用股利折现模型时，不仅要预测未来的收益率，还要预测未来的股利增长率与增长结束时股票的终值，如果预测因素过多，因素形成的随机性与精确数学模型之间的差距将会很大。但他还是很认可威廉姆斯用精确的数学公式来研究投资价值的分析范式。

## 第四节　威廉姆斯对投资组合与公司金融的影响

### 一、威廉姆斯的投资集中化思想

威廉姆斯很少论述风险对价值的影响，他在《投资估值理论》中指出，风险可以完全分散掉。股利折现模型表明，股票当前价格或者股权价值，是未来股利的折现值，而折现率的常用方法是纯利率（可以理解为无风险收益率）加上风险贴水。严格地讲，只要价格正确，购买的证券就不存在风险。如果投资足够分散化，收益将弥补损失，投资可以获得的收益率，即使用的折现率，应该等于纯利率，这样净风险就完全消失或被分散掉。

与威廉姆斯类似，格雷厄姆则认为在投资价值评估中，风险因素居于次要地位，认为它已经包含在经过详细计算后真实价值与市场价格的差距之中。他在1919年曾讲过一句名言："如果某一公司的普通股是好的投资标的，那么它必然也是吸引投资者的投资标的。"

三人之中，凯恩斯对风险的认识应该最为深刻。在《论概率》一书中，凯恩斯已对概率进行了深刻研究。在《通论》的第12章中，他明确指出，人们影响未来的决定，不论是个人的、政治的或是经济的，都不可能依赖于严格的数学期望，因为这种计算的基础并不存在。

或许正是意识到对未来预测的复杂性，凯恩斯认为投资集中化是投资的唯一法则，投资分散化并非好的策略。基于安全至上的原因，凯恩斯指出，与其将投资分成许多份额，分别投资于没有足够信息以支撑正确评估的不同公司上，不如将投资集中在可以获得确切信息的一家公司上。

虽然凯恩斯的心理价值评估思想与威廉姆斯的内在价值评估不一致，但他的投资集中化思想却与威廉姆斯的股利折现模型不谋而合。从理论上看，如果能够预测到市场上每个公司的股利，基于折现率进行计算，威廉姆斯给出的建议应该就是预期价值最高的股票，其本质上建议集中化投资。

## 二、马科维茨的修正：投资分散化

最早意识到威廉姆斯这种投资集中化思想的是马科维茨（Harry M. Markowitz）。他观察到现实世界中，很少有投资者将投资额集中在单一股票上，正如人们不会把鸡蛋放在同一个篮子里，因为他们不会冒着一旦篮子掉落所有鸡蛋将全部打碎的风险。也就是说，马科维茨认为投资集中化的思想与投资分散化的实践相悖。他曾引用《威尼斯商人》（*The Merchant of Venice*）中安东尼奥的名言表明其分散化思想："我的投资成败，并不完全寄托在一艘船上；财富不在一个地方，也不在一所房子中。"

重新来看威廉姆斯对风险的分析。他意识到未来的股利具有不确定性，不同的预期会产生不同的现值，股票的内在价值是其所有可能现值的平均值。而且，他没有提到集中化，却明确提到了分散化（diversification），认为充分的分散化投资能够使风险消失。

马科维茨指出，股利折现模型中股利折现后的现值，即股票的内在价值，本质上是个数学期望值（expected value）。如果投资者仅仅关注投资的期望收益，追求投资期望收益最大化，必然会导致投资集中化，即投资折现值最大的那只股票，这与现实实践并不符合。

如果对投资实践中的"高风险、高收益"加以拓展，投资者不仅关注收益，还关注风险，那么投资必然要求在风险和收益之间寻求一种权衡。也就是说，投资从期望的单一指标度量转向了期望与方差的二维指标度量。将投资的收益视为一个随机变量，马科维茨为金融引入了两个基本度量指标：期望收益，用来度量收益；方差（variance）或者标准差（standard deviation），用来度量风险。这时候，投资中的价值评估问题，转化成了以给定风险来追求期望收益最大或者给定期望收益去追求风险最小的问题。由此，马科维茨在1952年发展出了投资组合理论（modern portfolio theory，MPT），也被称为均值方差分析，金融理论研究也随之进入了新的发展阶段。无独有偶，罗伊（Andrew D. Roy）在1952年也同样以期望收益和标准差来度量收益与风险，从数学角度推导出了与马科维茨相同的结论：在标准差—期望收益率的平面上，有效率的投资组合是双曲线右支的上半部分。马科维茨更多的是几何讨论，而罗伊更多的是数理讨论。

马科维茨认为自己的投资理论与传统的投资理论相比，有三点不同：第一，该理论从投资者角度出发，而非从传统的消费者或者企业出发；第二，该理论研究投资者在不确定性背景下的投资决策行为；第三，该理论可以给投资者提供基于电脑和数据库的投资决策建议。

马科维茨与威廉姆斯最大的分歧在于，前者认为风险不能完全分散，而后者认为风险可以完全分散。马科维茨的均值方差分析表明，投资的风险由单个股票收益率的方差和股票之间的协方差构成，前者可以被分散掉，而后者即使股票数量再多，也没法分散干净。

从折现率角度看，威廉姆斯的纯利率本质上考虑了时间因素，而折现率除了时间因素，还应考虑风险因素，而且风险因素应该在估值中更为重要。马科维茨也因为这个贡献，获得了1990年的诺贝尔经济学奖，而威廉姆斯在1989年与世长辞。在马科维茨的获奖致辞《投资组合理论的基础》中，他回忆到与威廉姆斯投资估值思想的渊源："某天的下午，在图书馆阅读威廉姆斯的《投资估值理论》时，投资组合理论的基本概念不经意间印入到我的脑海里。”马科维茨同样认可罗伊的贡献，多个场合都指出，罗伊值得与他分享诺贝尔经济学奖的荣誉。他认为罗伊没有获奖，或许由于这是罗伊在金融领域的第一篇论文，但基本也是最后一篇论文，而自己不仅继续发掘这一理念的内涵，还出版了一系列投资组合的著作，因此罗伊从诺贝尔奖评审委员会的视野中消失，虽然遗憾，也在情理之中。

1990年的诺贝尔经济学奖是第一次发给金融理论领域，与马科维茨共同分享这一荣誉的还有两位：夏普（William Sharpe）和米勒（Merton Miller）。夏普在马科维茨投资组合理论的基础上发展出了资本资产定价模型（capital asset pricing model，CAPM），米勒则和莫迪利安尼（Franco Modigliani）一起发展出了公司价值与资本结构无关等系列定理，被学术界用他们名字的首字母简称为MM定理，而莫迪利安尼早在1985年就已获得诺贝尔经济学奖。由此，经典金融理论的主流领域也划分为资产定价（asset pricing）和公司金融（corporate finance）。

夏普将经济均衡的思想引入马科维茨投资组合理论，他的投资思想是马科维茨的学术传承。马科维茨曾在1999年回忆过这段渊源，并用了一个很有意思的标题《结束与开始》（*The End of the Beginning*）：“1959年出版了《投资组合选择：有效的分散化投资》（*Portfolio selection: Efficient Diversification of Investments*）后，我在兰德公司工作。1960年的某天，我正在办公室工作，一个叫夏普的年轻人敲开了我办公室的门。他即将加入兰德公司工作，正在做博士学位论文，他的导师韦斯顿（Fred Weston）建议他来请教我关于投资组合……夏普敲开我门的那天，恰巧是我阅读威廉姆斯著作的第十个年度纪念日。”

米勒与莫迪利安尼的公司价值与资本结构无关的思想，格雷厄姆在1934年曾有所涉及，只是分析偏离了正确方向。但在威廉姆斯的《投资估值理论》中，对该问题有着极为精确的描述，只是在书中被称为投资价值守恒定理（Law of the Conservation of Investment Value）。

## 三、威廉姆斯的投资价值守恒定理

《投资估值理论》的第5章中，威廉姆斯用优美的文字简要论述了他投资价值守恒的思想：

“一个公司的整体投资价值，如果定义为投资者持有证券所享有的利息与股利的折现值，那么公司的投资价值就与资本结构无关。如果某个个体投资者或者机构投资者持有该公司的全部债券、股票与权证，除却与所得税相关的因素外，公司的资本结构对他而言，毫不重要。支付利息的部分不能用来支付股利。投资者应该能意识到，公司对利息与股利支付的整体能力，显然与公司发行的证券类别无关，进而公司价值与资本结构变化无关。债券可以由股票所替代，也可以由股票与权证的复合所替代，这不会影响公司价值。这种投资价值的恒定性，类似于物质或能量的不灭性。不妨称之为投资价值守恒定理，正如物理学家所称的物质守恒定理或者能量守恒定理。

因为市场价值往往并不与投资价值相一致，现实中很难发现价值守恒定理成立。在一定的严格假设条件下，公司的市场价值将与资本结构无关。实践中假设的不成立将会给许多投资者带来盈利机会。”

这就表明，作为公司估值基石的MM系列定理，在威廉姆斯这里已经得到了充分的论述：

第一，在严格的条件下，公司价值与资本结构无关，这就是无税情形的MM第一定理。

第二，税收因素会影响公司价值，这实际上是修正的或者含税的MM第一定理：公司价值等于无负债情形下的价值加上负债带来的税盾效应（tax shield）。

第三，投资价值守恒定理在实践中难以成立，促使后续研究对该定理成立或者不成立的因素进行清晰界定，促进估值理论研究的深入。

虽然格雷厄姆意识到理论上公司价值应与资本结构无关，虽然威廉姆斯直接提出了投资价值守恒定理，但严格的数学证明还是由莫迪利安尼和米勒在1958年给出，这也是被称为MM定理而非投资价值守恒定理的原因。但是，莫迪利安尼和米勒的论证思路与威廉姆斯并无二致。

## 第五节　估值的两大体系与五类方法

从早期的估值模型的发展可以看出，估值存在两大体系：客观价值体系和主观价值体系。

### 10. THE LAW OF THE CONSERVATION OF INVESTMENT VALUE

If the investment value of an enterprise as a whole is by definition the present worth of all its future distributions to security holders, whether on interest or dividend account, then this value in no wise depends on what the company's capitalization is. Clearly if a single individual or a single institutional investor owned all the bonds, stocks, and warrants issued by a corporation, it would not matter to this investor what the company's capitalization was.[21] Any earnings collected as interest could not be collected as dividends. To such an individual it would be perfectly obvious that total interest- and dividend-paying power was in no wise dependent on the kind of securities issued to the company's owner. Furthermore, no *change* in the investment value of the enterprise as a whole would

[20] The application of this formula is illustrated in Chapter XXII, § 17, dealing with U. S Steel.

[21] Except for details concerning the income tax.



result from a *change* in its capitalization. Bonds could be retired with stock issues, or two classes of junior securities (i.e., common stock and warrants) could be combined into one, without changing the investment value of the company as a whole. Such constancy of investment value is analogous to the indestructibility of matter or energy; it leads us to speak of the Law of the Conservation of Investment Value, just as physicists speak of the Law of the Conservation of Matter, or the Law of the Conservation of Energy.

Since market value does not usually conform exactly to investment value, no "conservation of market value" is to be found in general. Only to a rough extent do total market values remain the same regardless of capitalization. The exceptions in practice are important enough to afford many opportunities for profit by promoters and investment bankers.[22]

图 1.8　威廉姆斯在《投资估值理论》中对投资价值守恒定理的论述

客观价值体系以威廉姆斯和格雷厄姆为代表，强调将公司价值计算回归到内在价值评估上，分别演化出绝对估值法和相对估值法两类估值方法。绝对估值法以威廉姆斯的股利折现模型为代表，相对估值法以格雷厄姆的定价模型为代表。在随后的发展中，绝对估值法或者折现现金流法，不管在学术上还是实践中，逐步成为主流的估值方法。

与客观价值体系相对应，主观价值体系以凯恩斯为代表，强调评估公司在所有投资者中的主观评价。投资公司或项目，更重要的是，投资运营公司或项目的人。这种主观评价法很难形成一种清晰的投资分析公式，其重视信息对估值的影响，逐步与有效市场假说、行为金融理论和主观概率理论的发展联系在一起。

在威廉姆斯股利折现模型和蕴含的投资集中化思想基础上，金融学逐步发展出投资组合理论与资本资产定价模型，形成了经典金融理论中的资产定价研究领域。同时，在威廉姆斯投资守恒定理基础上，形成了经典金融理论的另一个研究领域，即公司金融研究领域。公司金融更多体现在估值的整体模型研究上，而资产定价更多体现在对折现率的研究上，如股权收益率。两个研究领域时而分离，时而交汇，密切联系在一起，是估值不可或缺的两个组成部分。

从心理价值回归到内在价值，估值也就从主观价值评估转向了客观价值评估，由此形成了估值的三种基本方法：绝对估值法、相对估值法和主观估值法。当然，在估值的发展过程中，还包括实物期权法（real option method）、重置成本法（replacement cost method，RCM）作为补充，由此形成了公司价值评估的两大体系与五类估值方法。

后续分析，主要围绕绝对估值法或折现现金流法展开，并将其与其他四种方法进行比较，探究估值方法的精髓。

# 第二章
# 莫迪利安尼与米勒（1958）：无关性定理

在威廉姆斯、格雷厄姆等人对公司价值与资本结构关系的研究基础上，莫迪利安尼与米勒最终发展出估值或公司金融的基石——无关性定理，并给出了严格的数学证明。无关性定理事实上由四个定理组成：

第一，公司价值与资本结构无关，即公司价值与股权、债务的配置无关。

第二，加权平均资本成本与资本结构无关。

第三，融资决策与资本结构无关。

第四，公司价值与股利政策无关。

前三个无关性定理由莫迪利安尼与米勒于1958年在《美国经济评论》（*American Economic Review*）上发表的《资本成本、公司融资与投资理论》一文中给出，该文也被《美国经济评论》评为其“百年经典论文”中的20篇论文之一。其中，公司价值与资本结构无关性定理被称为MM第一定理，由此形成的股权资本成本与资本结构之间的线性关系被称为MM第二定理。第一定理是估值模型，而第二定理与估值使用的折现率相关。第四个无关性定理由他们在1961年的论文中给出。

考虑到企业所得税因素，莫迪利安尼与米勒于1963年在《美国经济评论》上继续发表了一篇对其1958年论文进行修正的小论文，形成了含税的MM第一定理：公司价值等于无杠杆公司价值加上税盾，此时公司价值与资本结构相关。而MM第二定理中股权资本成本与资本结构之间的线性关系，加以修正依旧成立。

有意思的是，米勒在1977年的研究中，同时引入企业利得税、利息所得税和股利所得税，发现公司价值与资本结构无关性定理依旧成立，从而使他们最初的无关性定理形成了理论闭环。

莫迪利安尼主要研究宏观经济学，以提出的生命周期假说（life cycle hypothesis，LCH）而著称，在1985年就获得了诺贝尔经济学奖，而米勒在1990年才获得。莫迪利安尼对公司价值与资本结构的关系产生兴趣，始于他在参加美国国家统计局组织的学术会议时，碰到了主要研究资本成本领域的杜兰（David Durand）。在会议上，杜兰做了题为《债务与股权资本成本：测度趋势与问题》的报告，简称“杜兰报告”。报告中，杜兰提出了“整体价值（total value）与资本结构无关”的猜想，但认为这一猜想在特殊情形下才成立。

但是，莫迪利安尼认为杜兰猜想具有普适性。他生命周期假说的基本思想是，人们一生的消费路径取决于终身财富，在生命周期中，少年和老年阶段储蓄为负，工作阶段储蓄为正，也就是说，消费路径与收入路径无关。如果将这一观点推广至杜兰猜想，那么“资本结构与公司价值无关”的结论应该具有普适性。他尝试对猜想给出严谨的证明，在1956年的某个课堂上，讲了无关性定理证明的雏形，恰巧被聚焦研究资本结构理论的米勒听到，由此开始了他们的研究合作。他们发表的成果，后来被称为MM系列定理或命题，最终成为了公司金融与估值理论的奠基理论。

1958年与1963年的两篇论文，标志着以折现现金流思想为核心的第二代估值模型成型：MM第一定理估值模型和加权平均资本成本估值模型。加权平均资本成本估值模型实质上是MM第一定理估值模型的推论，也就是说，这两个估值模型本质上等价。这两个估值模型也是实践中较为常用的模型。

# 第一节　杜兰猜想

## 一、杜兰猜想

杜兰这篇报告首先指出，证券价值评估是度量资本成本的关键，在此基础上去测度股权资本成本与债务资本成本，并探究资本结构是否会影响到融资成本。他尝试建立一个基于经济学理论的测度模型，对不同融资模式下的资本成本，做一般性解释，虽然他也认为其理论需要修正。

杜兰从投资价值最大化角度出发，将项目投资价值定义为项目未来现金流以某一折现率折现后的现值，这与威廉姆斯的折现现金流思想完全一致。为便于计算分析，他假设现金流均为永续现金流。这里稍作调整，以便于阅读。

公司打算投资一个新项目，需要的初始投资为1000万元。公司以发行债券的方式融资500万元，年利率为4%，平价发行；以发行50万股票的方式融资500万元，新发行股票数量为50万股，每股

10元，原有股票数量为100万股。该项目预测每年产生的息税前利润（EBTI）为200万元，不考虑税收因素。项目的收益率或折现率为10%。

为度量项目价值，杜兰引入了两种方法：息税前利润法，在其报告中被称为净经营利润法（net operating income method，NOI法）；净利润法（net income method，NI法）。

在息税前利润法下，因为折现率为10%，项目的整体价值用V表示为：

$$V=\frac{EBIT}{R}=\frac{200}{10\%}=2000\text{ 万元}$$

即项目整体投资价值是EBIT的10倍。债券因为是平价发行，债务的现值为500万元，而股权价值为1500万元，在外发行总股数为150万，每股为10元。基于这种分析，杜兰发现了一个有趣的现象：项目价值与资本结构无关，即与债务、股权的比例无关，这被称为杜兰猜想。例如，平价发行公司债250万元，股权价值变为1750万元，项目总体价值依旧为2000万元，依旧等于债务价值与股权价值之和。

但是，如果以净利润法进行估值，这种项目价值与资本结构的无关性将会消失。项目息税前利润为200万元，债券的利率为4%，每年的利息支出为20万元，项目的税前利润（earnings before tax，EBT）为180万元。因为不考虑税收因素，项目每年的净利润即为180万元。如果折现率采用10%，股权价值为净利润的10倍，即股权价值为1800万元，基于发行的150万股票，每股价值将为12元。显然，项目价值为2300万元。杜兰指出，如果采用净利润法进行估值，项目价值与股权价值将随负债规模上升而上升。

One approach, hereafter called the NOI Method, capitalizes *net operating income* and subtracts the debt as follows:

| | |
|---|---|
| Net operating income | $ 2,000,000 |
| Capitalization rate, 10% | . × 10 |
| Total value of company | 20,000,000 |
| Total bonded debt | 5,000,000 |
| Total value of common stock | 15,000,000 |
| Value per share, 1,500,000 shares | $10.00 |

The essence of this approach is that the total value of all bonds and stock must always be the same — $20 million in this example — regardless of the proportion of bonds and stock.[6] Had there been no bonds at all, for example, the total value of the common stock would have been $20 million, and had there been $2.5 million in bonds, the value would have been $17.5 million. Hereafter, the total value of all stocks and bonds will be called the "total investment value" of the company.

The alternative approach, hereafter called the NI Method, capitalizes *net income* instead of net operating income. The calculations are as follows:

| | |
|---|---|
| Net operating income | $ 2,000,000 |
| Interest | 200,000 |
| Net income | 1,800,000 |
| Capitalization rate, 10% | × 10 |
| Total value of common stock | 18,000,000 |
| Value per share, 1,500,000 shares | $12.00 |

Under this method the total investment value does not remain constant, but increases with the proportion of bonds in the capital structure. In the table below, three levels of bond financing are assumed: $5 million, $2.5 million, and no bonds at all. At each level, the value of the stock is

| | | | |
|---|---|---|---|
| Assumed amount of bonds | None | $ 2,500,000 | $ 5,000,000 |
| Value of common stock | $20,000,000 | 19,000,000 | 18,000,000 |
| Total investment value | $20,000,000 | $21,500,000 | $23,000,000 |

obtained, as above, by capitalizing at 10 percent the residual income after bond interest. The implied relation in this table is that an increase of $2.5 million in bonded debt (total capitalization remaining constant) produces a corresponding increase of $1.5 million in total investment value. However, such a relationship cannot continue indefinitely, as the proponents of the NI Method clearly point out. As the debt burden becomes substantial, the bonds will slip below par, and the stock will cease to be worth ten times earnings.

[6] If the debt burden should be excessive, proponents of the NOI Method might argue that the total value of all bonds and stock would be depressed below $20 million. This argument could be based on the likelihood of insolvency and subsequent forced dissolution of the company.

图 2.1　杜兰 1952 年对无关性定理的论述，图中第 2 段

## 二、杜兰的折中估值法

杜兰基于息税前利润法和净利润法的分析指出，前者项目价值与资本结构无关，后者与资本结构相关，两种估值方法存在差异，只有项目采用纯股权融资时两种方法才等价。对这两种估值方法，杜兰分别给出了支持理由。

息税前利润法（EBIT法）的合理性在于，项目风险总量并不随资本结构的变化而变化。随着债务的引入，项目风险会在债权人和股东之间重新配置，风险总量不变。如果对项目所需的1000万元采用纯股权融资，项目风险显然为全体股东所承受。如果以发行债券形式融资500万元，债权人将承担25%的风险，余下风险依旧为股东按比例承担。相应地，项目整体价值不随现金流在债权人和股东之间的分配方式变化而变化。

净利润法（NI法）的合理性在于，项目风险总量将随负债规模上升而上升。少量的债务融资，并未增加原有股东所承担的风险，而且投资者会认为相比纯股权融资方式，债务与股权融资的复合方式将会提高项目的市场价值。也就是说，以债务融资后，原股东所承担的风险不变，而债权人会带来一定的风险增量，投资者愿意为风险增量支付相应价格。因此，项目价值与股权价值随负债规模上升而上升。

杜兰更倾向于认同风险总量随债务融资而上升的概念，提出了折中估值法（compromise method），将两种估值方法进行折中。依旧假设债券按500万估值的平价发行，等于每年20万元的利息按4%的折现率进行折现。但是，净利润按10%进行折现，意识到债权人事实上也承担一定的风险，在投资价值评估中，可以对利息按照5%进行折现，即额外增加1%，这样从股东角度看，债务价值为400万元，进而股权价值为1600万元。再加上平价发行的500万元，项目价值为2100万元，介于息税前利润法的2000万元估值与净利润法的2300万元估值。尽管投资者意识到债务估值的差价，但实践中由于种种因素，无法进行套利，使得差价为股东享有。

## 三、杜兰估值思想评价

从杜兰的分析可以看出：

第一，杜兰猜想与威廉姆斯的投资价值守恒定理一致，而且杜兰对投资价值的定义也以威廉姆斯的折现现金流思想为基础。

第二，不同于威廉姆斯用股利进行折现，杜兰建议使用息税前利润来度量公司或项目价值，以净利润来度量股权价值，这能避免实践中对很少发放股利的公司用股利折现模型难以估值的问题。

第三，杜兰对不同的现金流用相同的折现率进行折现，即对息税前利润和净利润都按10%的折现率进行折现。不同的现金流应该使用不同的折现率，莫迪利安尼与米勒在1958年的论文中也犯了类似的错误，才有了1963年引入税率的校正研究。也就是说，即使不考虑税收因素，息税前利润同时包含了债务和股权的因素，而净利润只有股权的因素，两种现金流的折现率应该不同。

第四，杜兰事实上已经意识到，纯股权融资和带债务融资两种情形下，股权收益率或者折现率应该不同，从息税前利润法（即他的NOI法）出发，他给出了股权收益率或折现率，即股权资本成本的计算公式：

$$R_S = \frac{EBIT - R_B B}{V_L - B} = \frac{EBIT - R_B B}{S}$$

其中，$R_S$ 表示股权资本成本，$S$ 表示股权价值，$R_B$ 表示债务资本成本或利率，$V_L$ 表示带有债务融资下的公司价值或者项目价值，$B$ 表示债务价值。如果用 $R_U$ 表示纯股权融资下的股权资本成本，将 $EBIT = V_L R_U = (B+S)R_U$ 代入上式，就可以得到股权资本成本与财务杠杆（债务价值与股权价值比率，$B/S$）的线性关系，这实际是就是莫迪利安尼与米勒1958年论文中的核心结论之一，即MM第二定理。也就是说，杜兰实际上也发现了无税情形下的MM第二定理，只是在他的报告中表示为 $(1-P)/(10-25P)$ 。

第五，杜兰折中估值法的思想实际上继承了格雷厄姆的估值思想，就是无税情形下，威廉姆斯的投资价值守恒定理在理论上成立，但是实践中，要么投资者认识不到，要么投资者认识到了但却因为种种现实因素无法进行套利。

第六，杜兰认识到随着负债规模上升，公司或项目的风险总量将进一步上升，负债规模上升到一定程度，将形成破产风险。由于存在破产风险，负债规模或者财务杠杆的上升，一方面会带来价值增加，但同时会形成破产成本，要实现估值最大化，理论上存在一个最优的负债规模，这实际上是包含破产成本的第三代估值模型或者权衡理论的核心，将在下一章分析。

第七，杜兰报告中也引入了税收分析，因为负债能够产生税收避挡或者税盾效应（tax shield），与后来莫迪利安尼与米勒1963年的分析思路一致。

第八，杜兰还认识到，随着债务规模的上升，债务融资成本也将上升，利率将上升而非恒定值，这实际上已经部分蕴含了利率期限结构（term structure of interest rates）的思想。债务融资成本与股权融资成本一样，均可能发生变化，债务融资成本取常数，只是为了分析的简化。

第九，杜兰提出的息税前利润法（他的NOI法）和净利润法（NI法），逐步发展成为两种估值思路：前者对经营现金流量（operating cash flow，OCF）进行折现，用于对公司或项目进行整体估值，表现为MM第一定理法（MMI法）和加权平均资本成本法（WACC法）；后者对杠杆现金流（levered cash flow，LCF）进行折现，用于直接对股权进行估值，表现为股权现金流法（flow to equity，FTE）。MMI法、WACC法和FTE法，是折现现金流法在实践应用中最常用的三种估值方法。

# 第二节　无关性定理

## 一、无关性定理核心假设：同质化

莫迪利安尼和米勒认同杜兰猜想，认为公司价值与资本结构的无关性具有普适性。在1958年的论文中，他们给出了两个重要的同质化假设。

第一个同质化假设关于股权收益率或股权资本成本。假设所有公司都是纯股权融资，没有负债，投资者对公司未来的现金流或利润流预期一致。经营获得的息税前利润，如果没有负债，再不考

COSTS OF DEBT AND EQUITY FUNDS 233

Method, and a super premium of 6 percent is equivalent to the NI Method.[12] Thus it appears that the two methods may be regarded as optimistic and pessimistic extremes between which a more realistic compromise probably lies. However, the difference between the extremes is so great – as will become evident in subsequent discussion of the *RR* – that the choice of a compromise is subject to great leeway.

Further insight into the differences between the NOI Method, the NI Method, and the described set of compromises can be gained by considering the implied capitalization rate for common stock earnings. The NI Method specifies this rate – 10 percent in the previous example – which remains constant just so long as the debt burden is conservative. The NOI Method and the compromise do not specify a capitalization rate for common stock earnings; nevertheless such a rate is implied, and it can be calculated very easily. For the NOI Method the capitalization rate is given by the simple formula[13]

$$\frac{1-P}{10-25P}$$

where $(P)$ is the proportion of NOI required for bond interest, the figure 10 is the reciprocal of the 10 percent rate for net operating income, and the figure 25 is the reciprocal of the 4 percent bond rate. For a compromise appraisal assuming a 1 percent super premium, this fraction becomes

$$\frac{1-P}{10-20P}$$

where the figure 20 is the reciprocal of the assumed 5 percent bond rate that would apply if the bonds did not command a super premium. Curves showing the capitalization rates for three appraisal methods at different levels of bond capitalization appear in Chart 5. The point at which the NI curve starts to turn up and the shape of the curve after this point are, of course, conjectural. The other two curves simply represent the mathematical relationships derived above.

[12] The NI Method does not actually imply a 6 percent super premium. The advocates of the method merely say that conservative borrowing does not increase the stockholders' risk. The idea of the 6 percent super premium implies that the stockholders' risk is increased but that the high super premium – clearly excessive – completely compensates for this risk.

[13] Let $(N)$ be the net operating income and let $(B)$ be the bond interest. Then $10N$ is the total investment value, $25B$ is the value of the bonds, and $10N - 25B$ is the value of the stock. The capitalization rate is determined by dividing the net income $(N - B)$ by the value of the stock, thus

$$\frac{N-B}{10N-25B}$$

This fraction can be transformed into the form appearing in the text by letting $P = \frac{B}{N}$, which is the proportion of net operating income required for bond interest.

图 2.2 杜兰报告中蕴含了无税下的 MM 第二定理，图中第 1 个公式

虑税收，那么就和净利润相等。净利润要么按股利发放给股东，要么进入盈余公积（surplus reserves）用于扩大经营等用途，只是细节问题。评估公司价值，只需要考虑对息税前利润或者净利润以某个折现率进行折现即可。

如果公司都是纯股权融资，那么所有公司都可以被划分进一个收益等价类（equivalent return class）。在每个收益等价类中，持有任一家公司股票的收益，与持有另一家公司股票的收益成比例。这就表明，同一等价类中，持有不同公司股票的收益只存在规模因素，公司的股权收益率都相等。对市场上所有的股票，投资者只需从两个方面加以界定：第一，该股票属于哪一收益等价类；第二，它的期望收益如何。

由此可以看出，在每个收益等价类中，任一公司股票的当前价格，均应为每股收益（earnings per share，EPS）用股权资本成本或收益率进行折现：

$$P_j = \frac{EPS_j}{R_{Uk}}$$

其中，$EPS_j$ 表示纯股权公司 $j$ 的每股收益，$P_j$ 表示公司 $j$ 的股票价格，$R_{Uk}$ 表示收益等价类 $k$ 中的股权收益率或者股权资本成本。如果乘以公司的股份数 $\theta_j$，就可以得出纯股权公司 $j$ 的价值：

$$V_{Uj} = P_j \theta_j = \frac{EPS_j \cdot \theta_j}{R_{Uk}} = \frac{NI_j}{R_{Uk}} = \frac{EBIT_j}{R_{Uk}}$$

也就是说，不考虑税收，公司 $j$ 的净利润 $NI_j$ 与息税前利润 $EBIT_j$ 相等，公司价值 $V_{Uj}$ 即为 $NI_j$ 或 $EBIT_j$ 以折现率 $R_{Uk}$ 折现后的现值。显然，$R_{Uk}$是收益等价类$k$中的股权收益率，它独立于公司$j$，而且它的倒数，即$1/R_{Uk}$，可以表示1单位息税前利润的现值。

简言之，可以将市场中的所有纯股权公司按照收益等价类进行划分，在同一收益等价类中的股票，可以相互替代。股票本质上是同质化商品，持有不同公司股票收益不同仅仅在于规模不同。持有任何公司股票的收益率相同，且该收益率独立于收益等价类中的任何公司。

第二个同质化假设关于债券收益率或债务资本成本。假设市场上所有债券的收益率相同，且都可以在完美的无摩擦的市场中进行交易。这样债券相互之间均可替代，差异也仅仅在规模因素。与同一收益等价类中纯股权公司的股票一样，债券也是同质化商品。债券收益率或者债务资本成本用$R_B$表示。

但是需要注意，公司引入债务融资后，即在带债务杠杆的情形下，两个公司的股票，即使在同一收益等价类中，也不再是同质化商品。

## 二、关于公司价值的无关性定理

在给出纯股权公司股票和债券这两个同质化商品的基础上，莫迪利安尼和米勒给出了无关性定理，即公司价值与资本结构无关：

$$V_{Lj} \equiv B_j + S_j = V_{Uj} = \frac{EBIT_j}{R_{Uk}}$$

上述公式可以从以下几点加以解释：

第一，$V_{Lj}$ 表示带债务或财务杠杆的公司 $j$ 的价值，它恒等于债务价值 $B_j$ 与股权价值 $S_j$ 之和，这是定义式，不需要证明。

第二，引入债务后公司 $j$ 的价值，是息税前利润 $EBIT_j$ 或者净利润（因为不考虑税收）$NI_j$，按纯股权公司股权收益率 $R_{Uk}$ 折现后的现值，折现率独立于公司，仅与收益等价类相关。

第三，无债务情形下的公司价值 $V_{Uj}$，本身就等于 $EBIT_j / R_{Uk}$，这就表明，杠杆公司价值与无杠杆公司价值相等，与资本结构无关，即与债务价值和股权价值比率 $B_j / S_j$ 无关。

第四，无关性定理表明，在同一个收益等价类中，如果两个公司未来的收入流或者息税前利润预期一样，那么这两个公司的价值也应该相同，与收入在债权人和股东之间的分配路径无关。

第五，无关性定理如果成立，就意味着公司价值或者项目价值不受融资方式的影响，这毋庸置疑，是一个很强的结论。

现在考虑在同一收益等价类中的两个公司的预期息税前利润完全一样。如果两个公司价值不相等，投资者将会因为价差在两个公司之间进行套利（arbitrage），直至两个公司的价值恢复相等。虽然套利思想早就存在，但在经济学中明确提出，这或许还是第一次。假设公司1为纯股权的无杠杆公司，公司2为带债务的杠杆公司，两个公司的息税前利润一样，均用 $EBIT$ 表示。下面考虑如果公司价值不相等，套利将如何产生。

现在考虑这样一种情形：无杠杆公司1的价值小于杠杆公司2的价值，即 $V_1 < V_2$。假设公司2的债务规模为 $B_2$，投资者持有公

司2的股权比例为 $a$ ，则投资者的股权价值为 $aS_2$ ，每期可分得的收益为 $a(EBIT - R_B B_2)$ 。

依据低买高卖的套利思路，现在投资者将其持有公司2的股权，在市场上出售，同时以 $R_B$ 的债务资本成本借入 $aB_2$ 的债务，以 $a(S_2 + B_2)$ 的资本买进公司1的股权。这里借入债务规模恰巧为 $aB_2$ ，是为了将资本规模表示为杠杆公司价值 $V_2$ 的比例。

因为公司1为纯股权公司，股权价值即为市场价值： $V_1 = S_1$ 。投资者持有公司1的股权比例为： $aV_2 / S_1 = aV_2 / V_1$ 。此时投资者每期收益满足：

$$a\frac{V_2}{V_1}EBIT - aR_B B_2 = a(\frac{V_2}{V_1}EBIT - R_B B_2) > a(EBIT - R_B B_2)$$

其中，最后一步不等式用到了 $V_1 < V_2$ 。这样投资者在拥有相同资本规模的情形下，持有无杠杆公司1的收益，显然要超过杠杆公司2的收益。

只要 $V_1 < V_2$ ，理性的投资者就会将手中持有的杠杆公司2的股权，不停地转换成无杠杆公司1的股权。公司1的股票需求上升，股票价格就会上升，进而公司价值 $V_1$ 上升，这种套利机会，直到 $V_1 = V_2$ 时，才会消失。

其次考虑另一种情形：无杠杆公司1的价值大于杠杆公司2的价值，即 $V_1 > V_2$ 。假设投资者持有无杠杆公司1的股权比例为 $b$ ，其股权价值为： $bS_1 = bV_1$ 。投资者此时每期能获得的收益为： $b \cdot EBIT$ 。

现在投资者考虑将公司1的股票卖出，转而持有公司2的股票和债券，分配权重为公司2的股权价值和债务价值占公司价值的比例。投资者将公司1的股权价值 $bS_1$ 的股票出售后，占有公司2的股权和债券比例分别为：

$$bS_1\frac{S_2}{V_2}\frac{1}{S_2}=\frac{bV_1}{V_2}，\quad bS_1\frac{B_2}{V_2}\frac{1}{B_2}=\frac{bV_1}{V_2}$$

此时，投资者每期从杠杆公司2获得的收益满足：

$$\frac{bV_1}{V_2}(EBIT-R_BB_2)+\frac{bV_1}{V_2}R_BB_2=\frac{V_1}{V_2}b\cdot EBIT>b\cdot EBIT$$

其中，最后一步不等式用到了 $V_1>V_2$。相同的资本规模，同时持有杠杆公司2股票与债券的收益，会超过持有无杠杆公司1股票的收益。对公司1股票需求的降低，会使得其股票价格和公司价值下降，直至 $V_1=V_2$。

简言之，如果杠杆公司的价值超过无杠杆公司的价值，投资者将会通过“自制杠杆（homemade leverage）”的方式，将杠杆公司的股票转换成无杠杆公司的股票。如果无杠杆公司的价值超过杠杆公司的价值，投资者将会通过“加权复制”的方式，将无杠杆公司的股票转换成杠杆公司的股票和债券。低买高卖的套利操作，将会使得杠杆公司价值与无杠杆公司价值相等：$V_L=V_U$。

## 三、关于加权平均资本成本的无关性定理

从公司价值与资本结构的无关性定理出发，可以推出另一个无关性定理：加权平均资本成本（weighted average cost of capital，WACC）与资本结构无关。简要整理，可以用公式表示为：

$$WACC_j\equiv\frac{EBIT_j}{V_j}\equiv\frac{EBIT_j}{B_j+S_j}=R_{Uk}$$

从上式可以看出：

第一，对收益等价类 $k$ 中的任一公司 $j$ 而言，它的加权平均资本成本可以定义为息税前利润 $EBIT_j$ 与公司价值 $V_j$ 之比。

第二，公司 $j$ 的加权平均资本成本同样独立于资本结构，始终等于收益等价类 $k$ 中的股权收益率 $R_{Uk}$，即公司 $j$ 的加权平均资本始终为常数。

## 四、股权资本成本：MM第二定理

公司的加权平均资本成本，同样可以定义为债务资本成本与股权资本成本的加权平均，忽略资产等价类 $k$ 和公司 $j$ 的符号，以下关系必然成立：

$$WACC \equiv \frac{B}{B+S}R_B + \frac{S}{B+S}R_S = R_U$$

整理可得：

$$R_S = R_U + \frac{B}{S}(R_U - R_B)$$

股权资本成本 $R_S$ 与财务杠杆（$B/S$）线性相关，是在无杠杆股权资本成本 $R_U$ 基础上加上溢价，溢价为利差与财务杠杆之积，这个线性关系也被称为MM第二定理。

莫迪利安尼和米勒在文中表明，虽然公司价值与资本结构的无关性定理不是他们首创，但这种线性关系却是他们第一个发现的。但如前文所示，杜兰事实上也给出了股权资本成本的表达式，只是没有表示成财务杠杆的线性关系，差一步之遥而已。

tal structure, shares of different companies, even in the same class, can give rise to different probability distributions of returns. In the language of finance, the shares will be subject to different degrees of financial risk or "leverage" and hence they will no longer be perfect substitutes for one another.

To exhibit the mechanism determining the relative prices of shares under these conditions, we make the following two assumptions about the nature of bonds and the bond market, though they are actually stronger than is necessary and will be relaxed later: (1) All bonds (including any debts issued by households for the purpose of carrying shares) are assumed to yield a constant income per unit of time, and this income is regarded as certain by all traders regardless of the issuer. (2) Bonds, like stocks, are traded in a perfect market, where the term perfect is to be taken in its usual sense as implying that any two commodities which are perfect substitutes for each other must sell, in equilibrium, at the same price. It follows from assumption (1) that all bonds are in fact perfect substitutes up to a scale factor. It follows from assumption (2) that they must all sell at the same price per dollar's worth of return, or what amounts to the same thing must yield the same rate of return. This rate of return will be denoted by $r$ and referred to as the rate of interest or, equivalently, as the capitalization rate for sure streams. We now can derive the following two basic propositions with respect to the valuation of securities in companies with different capital structures:

*Proposition I*. Consider any company $j$ and let $\overline{X}_j$ stand as before for the expected return on the assets owned by the company (that is, its expected profit before deduction of interest). Denote by $D_j$ the market value of the debts of the company; by $S_j$ the market value of its common shares; and by $V_j \equiv S_j + D_j$ the market value of all its securities or, as we shall say, the market value of the firm. Then, our Proposition I asserts that we must have in equilibrium:

$$V_j \equiv (S_j + D_j) = \overline{X}_j/\rho_k, \text{ for any firm } j \text{ in class } k. \tag{3}$$

That is, the *market value of any firm is independent of its capital structure and is given by capitalizing its expected return at the rate $\rho_k$ appropriate to its class.*

This proposition can be stated in an equivalent way in terms of the firm's "average cost of capital," $\overline{X}_j/V_j$, which is the ratio of its expected return to the market value of all its securities. Our proposition then is:

$$\frac{\overline{X}_j}{(S_j + D_j)} \equiv \frac{\overline{X}_j}{V_j} = \rho_k, \text{ for any firm } j, \text{ in class } k. \tag{4}$$

That is, *the average cost of capital to any firm is completely independent of*

图 2.3　莫迪利安尼和米勒 1958 年对无关性定理的证明，公式 3 和公式 4

莫迪利安尼和米勒的研究中，假设债务的存在没有风险。随着债务规模或财务杠杆的上升，股权资本成本或者股权收益率将随之上升，这意味着股权对应的风险也随之上升。但由于债务的引入，股权价值在公司价值中的权重也随之下降。这种一升一降，使得股权对应的风险总量，在加权后保持不变。也就是说，莫迪利安尼和米勒认为，公司风险总量也与资本结构无关，总量恒定，加权平均资本成本也相应恒定。

虽然杜兰也认识到风险总量可能不变，但与莫迪利安尼和米勒的研究相比，对风险总量恒定的分析，略有不同，杜兰始终认为，债务有风险。

## 五、对无关性定理证明的评价

从无关性定理的证明可以看出：

第一，莫迪利安尼和米勒的论证思路，其实和威廉姆斯投资价值守恒定理的论述思路并无差别，公司价值应该取决于公司的实际经营利润，即息税前利润，而与该利润的分配方式无关。莫迪利安尼和米勒曾给出过一个形象的比喻，他们将公司价值比喻成馅饼，而将股权价值与债务价值的比例，比喻成切馅饼的方式，那么馅饼大小显然与切馅饼的方式无关。

第二，莫迪利安尼和米勒证明无关性定理的重要意义在于，给出了无关性定理成立所需的假设条件，如收益等价类、完全竞争、无税收等，这为后来放宽这些条件下无关性定理是否还能成立的研究，指明了方向，这也是估值理论的发展方向。

Since we have already shown that arbitrage will also prevent $V_2$ from being larger than $V_1$, we can conclude that in equilibrium we must have $V_2 = V_1$, as stated in Proposition I.

*Proposition II.* From Proposition I we can derive the following proposition concerning the rate of return on common stock in companies whose capital structure includes some debt: the expected rate of return or yield, $i$, on the stock of any company $j$ belonging to the $k$th class is a linear function of leverage as follows:

$$i_j = \rho_k + (\rho_k - r) D_j/S_j. \tag{8}$$

That is, *the expected yield of a share of stock is equal to the appropriate capitalization rate $\rho_k$ for a pure equity stream in the class, plus a premium related to financial risk equal to the debt-to-equity ratio times the spread between $\rho_k$ and $r$.* Or equivalently, the market price of any share of stock is given by capitalizing its expected return at the continuously variable rate $i_j$ of (8).[12]

A number of writers have stated close equivalents of our Proposition I although by appealing to intuition rather than by attempting a proof and only to insist immediately that the results were not applicable to the actual capital markets.[13] Proposition II, however, so far as we have been able to discover is new.[14] To establish it we first note that, by definition, the expected rate of return, $i$, is given by:

$$i_j \equiv \frac{\overline{X}_j - rD_j}{S_j}. \tag{9}$$

From Proposition I, equation (3), we know that:

$$\overline{X}_j = \rho_k(S_j + D_j).$$

Substituting in (9) and simplifying, we obtain equation (8).

[12] To illustrate, suppose $\overline{X} = 1000$, $D = 4000$, $r = 5$ per cent and $\rho_k = 10$ per cent. These values imply that $V = 10{,}000$ and $S = 6000$ by virtue of Proposition I. The expected yield or rate of return per share is then:

$$i = \frac{1000 - 200}{6000} = .1 + (.1 - .05)\frac{4000}{6000} = 13\tfrac{1}{3} \text{ per cent.}$$

[13] See, for example, J. B. Williams [21, esp. pp. 72–73]; David Durand [3]; and W. A. Morton [15]. None of these writers describe in any detail the mechanism which is supposed to keep the average cost of capital constant under changes in capital structure. They seem, however, to be visualizing the equilibrating mechanism in terms of switches by investors between stocks and bonds as the yields of each get out of line with their "riskiness." This is an argument quite different from the pure arbitrage mechanism underlying our proof, and the difference is crucial. Regarding Proposition I as resting on investors' attitudes toward risk leads inevitably to a misunderstanding of many factors influencing relative yields such as, for example, limitations on the portfolio composition of financial institutions. See below, esp. Section I.D.

[14] Morton does make reference to a linear yield function but only ". . . for the sake of simplicity and because the particular function used makes no essential difference in my conclusions" [15, p. 443, note 2].

图 2.4　莫迪利安尼和米勒 1958 年给出的第二定理，公式 8

第三，莫迪利安尼和米勒的证明中，最重要的技巧在于引入了两个同质化商品及其相应的收益率，这种思想源自马歇尔（Alfred Marshall，1842—1924）的局部均衡分析。给定两个收益率或折现率，实际上给定了资本市场的两个度量标尺，而且所有投资者都是价格接受者（price taker），并不能影响价格或者收益率。杜兰对折现率定义所出现的不一致，根源是缺少这种标尺。这同时也表明，莫迪利安尼和米勒的证明，本质上是局部均衡分析而非一般均衡分析。

第四，同质化商品的假设，本质上也是格雷厄姆相对估值思想的基础。相对估值法都是基于某个指标选择某一倍数作为公司价值，这其实表明，不同公司对应指标之间，也仅仅是个规模因素，这也是同质化商品假设的基础。

第五，威廉姆斯和杜兰都注意到了税收对公司价值的影响，而莫迪利安尼和米勒虽然在1958年的研究中注意到了税收，但对不同现金流的折现率的选择上，分析出现了偏差，从而有了1963年的修正模型。

第六，同质化收益率或资本成本的引入，有助于证明无关性定理的成立，但是该收益率如何形成，马歇尔的局部均衡分析虽然给出了它们在理论上的存在性，但操作性较弱。

第七，收益等价类这个假设极强，它表明两个公司除了规模不一样，其余包括经营能力、经营模式、产品等在内的因素都一样。而在实践中，显然基本找不到只有规模不同的两家公司，也就是说，每个收益等价类中，极有可能只存在一个公司。

第八，莫迪利安尼和米勒的证明，依赖于收益等价类中纯股权公司股权收益率，但是并未说明不同收益等价类间的收益率有何差异，这也是局部均衡分析的局限所在。

第九，加权平均资本成本与资本结构无关，表明加权平均资本是结论而非假设，即它是证明出来的，并非可以直接使用，这就为加权平均资本成本估值法中蕴含的循环论证埋下了伏笔，也从侧面表明了加权平均资本成本这一概念的复杂性。从无关性定理的证明也可以看出，公司价值与加权平均资本成本，实则是一枚硬币的两个方面。给定现金流的基础上，知道了公司价值，必然可以算出加权平均资本成本；同理，若知道了加权平均资本成本，也必然可以算出公司价值。两个无关性定理，本质上等价。

## 第三节　两种估值方法：MMI 法与 WACC 法

### 一、税收对无关性定理的扭曲

税收之所以会对无关性定理产生扭曲，根源在于对债权人和股东的收益分配上，分配给债权人的利息可以免税，而分配给股东的净利润或者股利，需要缴纳企业所得税。

息税前利润 *EBIT* 是用公司经营形成的收入减去各种成本费用。杜兰显然认为这一指标极为重要，提出基于净经营利润或息税前利润的估值法，因为息税前利润能够度量公司的实际经营能力。

息税前利润之后，只需将公司经营的收益在股东、债权人和国家之间进行分配，也就是说，*EBIT*之后，只是一个分配过程。分配顺序为：

首先，将利息 $I$ 分配给债权人。

其次，将税收 $T$ 缴纳给国家。

最后，将净利润 $E$ 分配给股东。

显然，利息不需要缴纳企业所得税，即利息会产生税盾效应。注意到公司价值定义为债务价值与股权价值之和，税收并不包括在公司价值里，因此会对公司价值产生一定的扭曲，使得无关性定理不成立。

## 二、MM第一定理估值法

意识到债务的税盾效应，莫迪利安尼和米勒在1963年给出了杠杆公司价值的修正模型，带财务杠杆公司的价值，等于无杠杆情形下的公司价值加上税盾，又被称为含税的MM第一定理：

$$V_L = V_U + tB = \frac{EBIT \cdot (1-t)}{R_U} + tB$$

其中，$t$ 表示企业所得税税率，$R_U$ 与前述略有不同，表示引入税率后的纯股权公司的股权收益率或股权资本成本。莫迪利安尼和米勒蕴含的思路是，将利息产生的税盾效应单独计算，视为债务或财务杠杆给公司价值带来的增量。

给定公司的债务规模 $B$ 并假设它恒定，从息税前利润 *EBIT* 出发，公司每期应付债权人的利息为 $R_B B$。公司的税前利润 *EBT*

或税基为：$EBIT - R_B B$。那么公司债务规模 $B$ 形成的每期税盾效应为：$tR_B B$。对税盾效应应该采用何种折现率？依据不同现金流采用不同折现率的原则，税盾现金流是由债务形成，显然应该采用债务资本成本 $R_B$ 为折现率，这恰恰是莫迪利安尼和米勒在1958年考虑税收后折现率的选择偏差，也是需要在1963年进行校正的原因。用折现率 $R_B$ 对每期税盾效应进行折现，现值显然为：$tR_B B / R_B = tB$。

这就证明了含税的MM第一定理，简言之，杠杆公司价值（$V_L$），等于无杠杆公司价值（$V_U$）加上税盾价值（$tB$）。莫迪利安尼和米勒依旧从无套利角度出发加以证明，这里不再赘述。

基于MM第一定理估算带财务杠杆公司价值的方法，被称为MM第一定理法或 *MMI* 法。1974年，梅耶斯（Stewart C.Myers）用MM第一定理估值模型来度量项目价值，并将其称为调整现值法（adjusted present value，APV），正如戈登增长模型对威廉姆斯股利增长模型的改写一样。

## 三、加权平均资本成本估值法

在没有税收的情形下，莫迪利安尼和米勒将公司加权平均资本成本或者折现率定义为息税前利润与公司价值的比率，即 $WACC = EBIT / V_L$。不考虑税收因素时，息税前利润始终等于债权人和股东的收益之和：$EBIT = R_B B + (EBIT - R_B B)$。这也是用 $EBIT / V_L$ 来定义 $WACC$ 的合理性所在。

引入税收因素后，这种定义方式就出现了偏差，息税前利润

and let $r$ be the rate at which the market capitalizes the sure streams generated by debts. For simplicity, assume this rate of interest is a constant independent of the size of the debt so that

$$r = \frac{R}{D} \quad \text{or} \quad D = \frac{R}{r}.^{7}$$

Then we would expect the value of a levered firm of size $\overline{X}$, with a permanent level of debt $D_L$ in its capital structure, to be given by:

$$V_L = \frac{(1-\tau)\overline{X}}{\rho^{\tau}} + \frac{\tau R}{r} = V_U + \tau D_L.^{8} \tag{3}$$

In our original paper we asserted instead that, within a risk class, market value would be proportional to expected after-tax return $\overline{X}^{\tau}$ (cf. our original equation [11]), which would imply:

$$V_L = \frac{\overline{X}^{\tau}}{\rho^{\tau}} = \frac{(1-\tau)\overline{X}}{\rho^{\tau}} + \frac{\tau R}{\rho^{\tau}} = V_U + \frac{r}{\rho^{\tau}}\tau D_L. \tag{4}$$

We will now show that if (3) does not hold, investors can secure a more efficient portfolio by switching from relatively overvalued to relatively undervalued firms. Suppose first that unlevered firms are overvalued or that

$$V_L - \tau D_L < V_U.$$

An investor holding $m$ dollars of stock in the unlevered company has a right to the fraction $m/V_U$ of the eventual outcome, i.e., has the uncertain income

$$Y_U = \left(\frac{m}{V_U}\right)(1-\tau)\overline{X}Z.$$

Consider now an alternative portfolio obtained by investing $m$ dollars as follows: (1) the portion,

$$m\left(\frac{S_L}{S_L + (1-\tau)D_L}\right),$$

is invested in the stock of the levered firm, $S_L$; and (2) the remaining portion,

$$m\left(\frac{(1-\tau)D_L}{S_L + (1-\tau)D_L}\right),$$

sense of opportunities to invest at a rate of return greater than the market rate of return. These subjects are treated extensively in our paper, "Dividend Policy, Growth and the Valuation of Shares," *Jour. Bus.*, Univ. Chicago, Oct. 1961, 411–33.

[7] Here and throughout, the corresponding formulas when the rate of interest rises with leverage can be obtained merely by substituting $r(L)$ for $r$, where $L$ is some suitable measure of leverage.

[8] The assumption that the debt is permanent is not necessary for the analysis. It is employed here both to maintain continuity with the original model and because it gives an upper bound on the value of the tax saving. See in this connection footnote 5 and footnote 9.

图 2.5 莫迪利安尼和米勒 1963 年给出含税的第一定理，公式 3

*Conditions for the Optimum*

Eqs. (1) define the nature of the interactions between the firm's financing and investment decisions. The effects of the interactions can be better understood by examining the necessary conditions for the optimal solution.

In order to simplify notation define $A_j \equiv \delta\psi/\delta x_j$, $F_t \equiv \delta\psi/\delta y_t$, $Z_{jt} \equiv \delta Z_t/\delta x_j$, and $C_{jt} \equiv \delta C_t/\delta x_j$. Also, note that each of the following equals 1: $\delta\phi_j/\delta x_j$, $\delta\phi_t^F/\delta y_t$ and $-\delta\phi_t^C/\delta y_t$. Finally, note that $\delta\phi_t^C/\delta x_j = -C_{jt}$. The shadow prices are $\lambda_j$ for $\phi_j$, $\lambda_t^F$ for $\phi_t^F$ and $\lambda_t^C$ for $\phi_t^C$.

With these simplifications, the necessary conditions for the optimum can be written as follows. For each project:

$$A_j + \sum_{t=0}^{T} [\lambda_t^F Z_{jt} + \lambda_t^C C_{jt}] - \lambda \leqslant 0. \tag{2a}$$

For debt in each period,

$$F_t - \lambda_t^F + \lambda_t^C - [1 + (1 - \tau)r]\lambda_{t+1}^C \leqslant 0. \tag{2b}$$

For dividends in each period,

$$\delta\psi/\delta D_t - \lambda_t^C \leqslant 0. \tag{2c}$$

For equity issued in each period,

$$\delta\psi/\delta E_t + \lambda_t^C \leqslant 0. \tag{2d}$$

In each of these equations a strict equality holds if the corresponding decision variable is positive in the optimal solution.

Eq. (2a) is particularly interesting because it states the condition for evaluating a marginal investment in a project. Marginal investment is justified if project j's "Adjusted Present Value" ($APV_j$) be positive, i.e.,

Expand Investment if:

$$APV_j \equiv A_j + \sum_{t=0}^{T} [\lambda_t^F Z_{jt} + \lambda_t^C C_{jt}] > 0. \tag{3}$$

In the optimal solution $APV_j = \lambda_j$ if the project is accepted ($x_j = 1$). If it is rejected ($x_j = 0$) then $APV_j$ is negative and $\lambda_j = 0$. If it is partially accepted, then $APV_j = \lambda_j = 0$.

The term adjusted present value is used because in the optimal solution $A_j$, the project's direct contribution to the objective, is "adjusted for" the project's side effects on other investment and financing options. The side effects occur because of the project's effects on the debt capacity and sources/uses constraints.

*Effects of financial leverage when dividend policy is irrelevant.*—Suppose that dividend policy is irrelevant, in the sense that $\delta\psi/\delta E_t = \delta\psi/\delta D_t = 0$ for all T.[7] Then $\lambda_t^C = 0$, from Eqs. (1c) and (1d).

7. This defines irrelevance of dividend policy in the same way as Miller and Modigliani [14]. That is, *given* values for the $x_j$'s and $y_t$'s, a marginal change in $D_t$ and an offsetting change in $E_t$ will not affect shareholder's wealth.

图 2.6　梅耶斯 1974 年基于 MM 第一定理思想提出的调整净现值法（APV），公式 3

不再等于利息与净利润之和，事实上分成了三部分：

$$EBIT = R_B B + (1-t)(EBIT - R_B B) + t(EBIT - R_B B)$$

息税前利润与债权人收益和股东收益之间的差额为税收：$t(EBIT - R_B B)$。用息税前利润还是用债权人和股东收益之和来定义加权平均资本成本，显然不同。事实上，莫迪利安尼和米勒也注意到了对 $WACC$ 定义的困难。

这就表明，引入税收后，加权平均资本成本与资本结构的无关性定理，同样不再成立。考虑到利息的税盾效应，公司的加权平均资本成本依旧可以定义为：

$$WACC \equiv \frac{B}{B+S}(1-t)R_B + \frac{S}{B+S}R_S$$

显然，$WACC$ 介于债务资本成本 $(1-t)R_B$ 与股权资本成本 $R_S$ 之间，是二者的加权平均。

首先来分析股权资本成本或股权收益率的变化。从MM第一定理出发，可以推出：

$$EBIT = \frac{(V_L - tB)R_U}{1-t} = \frac{(S+(1-t)B)R_U}{1-t}$$

引入税收因素后，股东每期收到的净利润为：$(1-t)(EBIT - R_B B)$。股权资本成本显然可以定义为：

$$\begin{aligned} R_S &= \frac{(1-t)(EBIT - R_B B)}{S} \\ &= \frac{(S+(1-t)B)R_U}{S} - \frac{(1-t)R_B B}{S} \\ &= R_U + \frac{B}{S}(1-t)(R_U - R_B) \end{aligned}$$

其中等式的第二步用给出的$EBIT$表达式代入。可以看出，股权资本成本与财务杠杆的线性关系依旧成立，只是加了税率进行调整，它也被称为含税的MM第二定理。

其次，来分析$WACC$与纯股权公司股权资本成本$R_U$之间的关系。将含税的MM第二定理代入$WACC$的定义式中，整理可得：

$$\begin{aligned} WACC &= \frac{B}{B+S}(1-t)R_B + \frac{S}{B+S}(R_U + \frac{B}{S}(1-t)(R_U - R_B)) \\ &= \frac{S+B(1-t)}{B+S}R_U \\ &= \frac{V_U}{V_L}R_U \end{aligned}$$

其中最后一步等式用到了MM第二定理：$V_L \equiv B+S = V_U + tB$。从该表达式可以看出：

第一，$WACC$与纯股权公司股权资本成本$R_U$呈现线性关系，与财务杠杆$B/S$呈现非线性关系。

第二，随着财务杠杆的上升，$WACC$会随之下降，税收因素形成的这种变化表明，加权平均资本成本与资本结构无关性的结论不再成立，正如公司价值与资本结构无关性的结论不再成立。

第三，考虑财务杠杆的极限情形，即$B/S$趋于无穷，可以得到$WACC$的下界为$(1-t)R_U$，也就是说$WACC$的区间为$((1-t)R_U, R_U]$。也就是说，债务的引入会使得公司加权平均资本成本下降，但是下降有限。

第四，$WACC$与$R_U$的这种线性关系，基于MM第一定理和

$$V = \frac{\bar{X}^\tau - \tau R}{\rho^\tau} + \tau D = \frac{\bar{X}^\tau}{\rho^\tau} + \tau \frac{\rho^\tau - r}{\rho^\tau} D, \tag{5}$$

from which it follows that the after-tax earnings yield must be:

$$\frac{\bar{X}^\tau}{V} = \rho^\tau - \tau(\rho^\tau - r)D/V. \tag{11.c}$$

This replaces our original equation (11) (p. 272) in which we had simply $\bar{X}^\tau/V = \rho^\tau$. Thus, in contrast to our earlier result, the corrected version (11.c) implies that even the after-tax yield is affected by leverage. The predicted rate of decrease of $\bar{X}^\tau/V$ with $D/V$, however, is still considerably smaller than under the naive traditional view, which, as we showed, implied essentially $\bar{X}^\tau/V = \rho^\tau\text{-}(\rho^\tau - r)D/V$. See our equation (17) and the discussion immediately preceding it (p. 277).[12] And, of course, (11.c) implies that the effect of leverage on $\bar{X}^\tau/V$ is *solely* a matter of the deductibility of interest payments whereas, under the traditional view, going into debt would lower the cost of capital regardless of the method of taxing corporate earnings.

Finally, we have the matter of the after-tax yield on *equity* capital, i.e., the ratio of net profits after taxes to the value of the shares.[13] By subtracting $D$ from both sides of (5) and breaking $\bar{X}^\tau$ into its two components—expected net profits after taxes, $\bar{\pi}^\tau$, and interest payments, $R = rD$—we obtain after simplifying:

$$S = V - D = \frac{\bar{\pi}^\tau}{\rho^\tau} - (1 - \tau)\left(\frac{\rho^\tau - r}{\rho^\tau}\right)D. \tag{6}$$

From (6) it follows that the after-tax yield on equity capital must be:

$$\frac{\bar{\pi}^\tau}{S} = \rho^\tau + (1 - \tau)[\rho^\tau - r]D/S \tag{12.c}$$

which replaces our original equation (12), $\bar{\pi}^\tau/S = \rho^\tau + (\rho^\tau - r)D/S$ (p. 272). The new (12.c) implies an increase in the after-tax yield on equity capital as leverage increases which is smaller than that of our original (12) by a factor of $(1-\tau)$. But again, the linear increasing relation of the corrected (12.c) is still fundamentally different from the naive traditional view which asserts the cost of equity capital to be completely independent of leverage (at least as long as leverage remains within "conventional" industry limits).

IV. *Taxes and the Cost of Capital*

From these corrected valuation formulas we can readily derive corrected measures of the cost of capital in the capital budgeting sense of the minimum prospective yield an investment project must offer to be just worth

[12] The $i_k^*$ of (17) is the same as $\rho^\tau$ in the present context, each measuring the ratio of net profits to the value of the shares (and hence of the whole firm) in an unlevered company of the class.

[13] We referred to this yield as the "after-tax cost of equity capital." Cf. footnote 9.

图 2.7　莫迪利安尼和米勒 1963 年给出含税的第二定理，公式 12.c

第二定理，这蕴含着一个不那么依赖于直觉、甚至略带反常的结论：$WACC$ 与债务资本成本 $R_B$ 无关。MM无关性定理依赖于两个同质化商品的假设，但关于债券的假设与 $WACC$ 的关系不大。

第五，计算 $WACC$，从理论上看，仅需要三要素：纯股权公司股权资本成本 $R_U$，财务杠杆 $B/S$，企业所得税税率 $t$。

最后，来分析带财务杠杆的公司价值 $V_L$ 与加权平均资本成本 $WACC$ 之间的关系。$WACC$ 与 $R_U$ 的线性关系表明，$V_L \cdot WACC = V_U \cdot R_U$，同时注意到无杠杆公司价值为：$V_U = EBIT \cdot (1-t) / R_U$，那么以下关系式成立：

$$V_L \cdot WACC = V_U \cdot R_U = EBIT \cdot (1-t)$$

对上式略做调整，就可以得到带财务杠杠的公司价值的第二种计算方法，也被称为加权平均资本成本法或 $WACC$ 法：

$$V_L \equiv B + S = \frac{EBIT \cdot (1-t)}{WACC}$$

## 四、两种基本估值方法的比较

$MMI$ 估值法与 $WACC$ 估值法是折现现金流法最常用的两种估值方法，二者具有内在的等价性：

第一，$WACC$ 估值法本质上是 $MMI$ 估值法的推论，正如无税下 $WACC$ 与资本结构无关的命题是 $MMI$ 的推论一样。

第二，$MMI$ 估值法与 $WACC$ 估值法对债务的税盾效应处理不同，前者用增量的方式处理，单独计算税盾，后者将债务的税盾效应通过折现率的方式处理，$WACC$ 包含了债务的影响。

第三，两个计算公式的分子，均为 $EBIT \cdot (1-t)$，即对 $EBIT$ 直接缴纳企业所得税，这种现金流也被称为无杠杆现金流。

## 五、股权价值的直接估算：股权现金流法

在估值方法的发展过程中，一般认为公司债券可以平价发行，从而债券对应的现金流的折现值，就是债务价值。投资者更为关心的是股权价值，从早期的模型来看，无论是威廉姆斯的股利折现模型，还是格雷厄姆的成长股相对估值模型，基本都是针对股权价值的估算。

同样，从 $MMI$ 估值法与 $WACC$ 估值法，也可以直接估算出股权价值。回顾莫迪利安尼和米勒对股权资本成本的度量，即 $R_S = (1-t)(EBIT - R_B B) / S$，可以直接给出股权价值的计算公式：

$$S = \frac{(1-t)(EBIT - R_B B)}{R_S} = \frac{NI}{R_S}$$

这种方法也被称为股权现金流法（flow to equity，FTE）或 $FTE$ 估值法，它同样可以视为 $MMI$ 的推论。

$FTE$ 估值法以净利润 $NI$ 为核心，与前述两种估计方法略有不同：

第一，$MMI$ 估值法与 $WACC$ 估值法均用于估算公司价值，即估算债务价值与股权价值这个整体，而 $FTE$ 估值法仅仅估算股权价值，并不包括债务价值。

第二，$MMI$ 估值法与 $WACC$ 估值法的分子为无杠杆现金流，而 $FTE$ 估值法的分子为 $(1-t)(EBIT - R_B B)$，即用的是净利

润 $NI$，它是一种杠杆现金流。

第三，应用 $FTE$ 估值法来估算股权价值时，分子和分母同时剔除了债务的影响。

引入税收因素，考虑债务及其税盾效应，关于公司价值和加权平均资本成本的两个无关性定理不再成立。公司价值随财务杠杆上升而上升，加权平均资本成本随财务杠杆上升而下降。在无关性定理基础上，用税收加以修正，形成了含税的MM第一定理，即杠杆公司价值等于无杠杆公司价值加上税盾价值，这就是 $MMI$ 估值法。在此基础上派生出加权平均资本成本估值法或 $WACC$ 估值法，它与 $MMI$ 估值法内在等价。为直接估算股权价值，$MMI$ 估值法还派生出股权现金流法或 $FTE$ 估值法。

公司价值估算的 $MMI$ 估值法与 $WACC$ 估值法，与股权价值估算的 $FTE$ 估值法，这三种折现现金流法，在实践中均较为常用。

# 第四节　WACC 估值法中的循环论证

## 一、WACC法对估值流程的简化

从形式上看，$MMI$ 估值法需要计算除法 $EBIT\cdot(1-t)/R_U$ 和加法 $tB$，而 $WACC$ 估值法只需要计算除法 $EBIT\cdot(1-t)/WACC$，后者相对更为简洁。更主要的是，加权平均资本成本 $WACC$ 相对于无杠杆公司股权资本成本 $R_U$ 而言，更易于被投资者理解，因此 *WACC* 估值法逐步成为估值方法的主流。

众所周知，价格均衡是经济学的核心问题。关于价格均衡，有个常被提及的比喻：只要教会一只鹦鹉说出供给和需求，它也能成为经济学家。也就是说，价格均衡需要三步：第一步，估算供给；第二步，估算需求；第三步，令供需相等，求解价格均衡价格和均衡量。

公司价值的估算，同样可以类比为“鹦鹉估值三部曲”：

第一步，估算分子，即估算无杠杆现金流或经营现金流，无论它是以息税前利润直接纳税的简洁形式，还是引入折旧、摊销、净经营资本、资本支出等因素调整后生成的更为复杂的形式。

第二步，估算分母，即估算加权平均资本成本这一折现率。

第三步，估算公司价值，用分子除以分母进行折现计算无杠杆现金流的现值。

*WACC* 估值法对估值流程的简化，使其在应用中可操作性较强，成为应用最广泛的估值方法，不足为奇。

## 二、WACC法对资产定价研究的兼容性

*WACC* 表现为债务资本成本与股权资本成本的加权平均，易于直观理解。$R_U$ 是同一收益等价类中纯股权公司的股票这一同质化商品的收益率，内涵显然较难理解。这也是 *WACC* 法逐步发展成主流的原因。

*WACC* 估值法盛行的更为重要的原因是，它能够与资产定价领域的研究结合起来，表现为股权资本成本的估算上。这里列举两

种较为常用的里程碑式的估算方法。

第一个公式是资本资产定价模型（capital asset pricing model，CAPM）。股权资本成本可以表示为：

$$R_S = R_f + \beta_{Sm}(R_m - R_f)$$

其中，$R_f$是无风险资产的收益率，$R_m$为市场组合的期望收益率，$\beta_{Sm}$为股票收益率与市场组合收益率的协方差与市场组合收益率的方差之比：$\beta_{Sm} = \mathrm{cov}(\tilde{R}_S, \tilde{R}_m) / \mathrm{var}(\tilde{R}_m)$，$\tilde{R}_S$和$\tilde{R}_m$表明收益率是随机变量，若非特别指出，本书的收益率均指期望收益率。

资本资产定价模型是特雷诺（Jack Treynor）、夏普（William Sharpe）、林特纳（John Lintner）和莫辛（Jan Mossin）等人在马科维茨和罗伊基础上的进一步研究。在严格的条件下，所有风险资产的期望收益率或资本成本，如股票，均可以表示为无风险资产收益率$R_f$与市场组合期望收益率$R_m$的加权平均，权重分别为$(1-\beta_{Sm})$和$\beta_{Sm}$。市场组合又是一个特殊的风险资产，它的权重向量为每个风险资产价值占总风险资产价值的比率。如果债券资本成本是随机变量，那么它的期望收益率$R_B$同样可以用*CAPM*度量。夏普也因为1964年的研究工作，与马科维茨、米勒一起，分享了1990年的诺贝尔经济学奖。那一年，林特纳已离世，莫辛的论文出现最晚，而特雷诺没有获得该荣誉，或许是因为没有建立在均衡上进行分析，虽然他最早猜出了这种线性结构。

资本资产定价模型同样表明，期望收益率中蕴含着对风险的补偿，即在无风险资产收益率基础上，加上一个风险补偿。但是，不是对资产的所有风险都进行补偿，而是只对系统性风险进行补偿，认为非系统性风险可以通过投资者的分散化投资而降低直至消失。

第二个度量公式是套利定价理论（arbitrage pricing theory，APT）的出发点。股权资本成本可以表示为：

$$R_S \approx R_f + \beta_1 R_1 + \cdots \beta_K R_K$$

也就是说，股权资本成本可以表示为一系列因子的线性加权，这里 $\beta_k$ 被称为第 $k$ 个风险资产的因子载荷（factor loading），其内涵与 *CAPM* 中的 $\beta$ 不同。罗斯（Stephen A. Ross）在1976年重新思考 *CAPM*，一方面他想保留 *CAPM* 中简洁的线性结构，另一方面他又认为 *CAPM* 成立的前提条件极难满足，因为要度量市场组合这个特殊资产的期望收益率，就需要对所有风险资产的期望收益率进行度量，这本质上是个不可能任务。

罗斯将 *CAPM* 中有限个风险资产推广到无穷多的情形，认为任何风险资产的个体风险从极限角度将会消失，这可以从数学上大数定律（law of large numbers，LLN）加以证明。在无套利的基础上，绝大多数风险资产的期望收益率，可以由有限个风险资产期望收益率线性表示。

*CAPM* 与 *APT* 的关系，可以从以下几点简要比较：

第一，虽然两个定价公式均表现为线性，但 *CAPM* 是精确度量公式，*APT* 是近似度量公式。

第二，出发点不同，*CAPM* 的出发点是有限个风险资产，*APT* 的出发点是无穷多的风险资产，而且 *APT* 假设是对 *CAPM* 假设的进一步放宽。

第三，经济学解释不同，*CAPM* 是个均衡模型，市场组合有

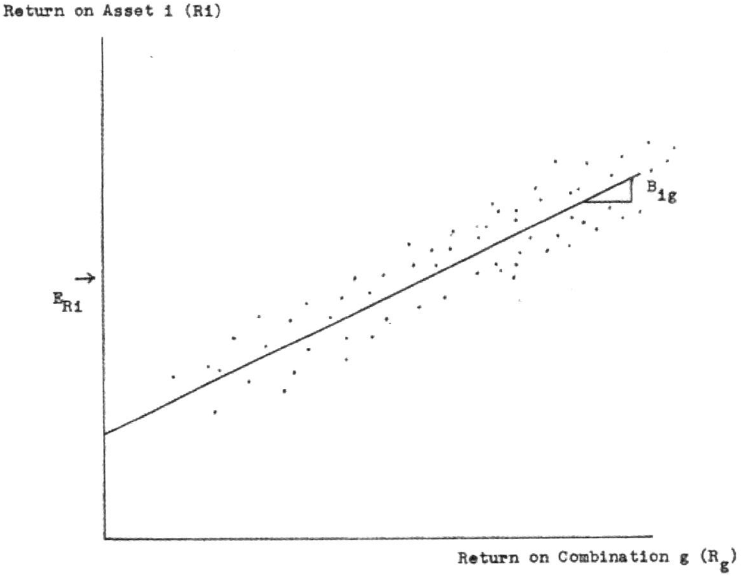


FIGURE 8

much of the variation in $R_i$. It is this component of the asset's total risk which we term the *systematic* risk. The remainder,[24] being uncorrelated with $R_g$, is the unsystematic component. This formulation of the relationship between $R_i$ and $R_g$ can be employed *ex ante* as a predictive model. $B_{ig}$ becomes the *predicted* response of $R_i$ to changes in $R_g$. Then, given $\sigma_{Rg}$ (the predicted risk of $R_g$), the systematic portion of the predicted risk of each asset can be determined.

This interpretation allows us to state the relationship derived from the tangency of curves such as igg′ with the capital market line in the form shown in Figure 9. All assets entering efficient combination g must have (predicted) $B_{ig}$ and $E_{Ri}$ values lying on the line PQ.[25] Prices will

24. ex post, the standard error.

25.

$$r_{ig} = \sqrt{\frac{B_{ig}{}^2\sigma_{Rg}{}^2}{\sigma_{Ri}{}^2}} = \frac{B_{ig}\sigma_{Rg}}{\sigma_{Ri}}$$

and:

$$B_{ig} = \frac{r_{ig}\sigma_{Ri}}{\sigma_{Rg}}.$$

The expression on the right is the expression on the left-hand side of the last equation in footnote 22. Thus:

$$B_{ig} = -\left[\frac{P}{E_{Rg}-P}\right] + \left[\frac{1}{E_{Rg}-P}\right] E_{Ri}.$$

图 2.8　夏普 1964 年给出的资本资产定价模型，脚注 25

明确的经济学含义，但*APT*只是讲出定价因子的存在性，并未指明因子是什么。

第四，*CAPM*本质上是经济学模型，而*APT*本质上是个统计学模型。

第五，*CAPM*的问题在于，虽然它的每个指标均可以通过代理指标来度量，例如无风险资产和市场组合的收益率可以通过国债收益率和股市大盘指数收益率来近似度量，但是实际金融数据在实证上都基本不能支持*CAPM*的成立，这被称为“*CAPM*之谜”。

第六，*APT*的问题在于，虽然它成立的条件较*CAPM*而言更为宽松，但是它没有指明因子是什么，没有指明近似定价因子需要多少个。*APT*的因子既可以表现为经济因子，例如在实践中经常使用的由法玛和法兰奇在1993年提出的三因子模型（Fama-French 3-factor model，FF3），即股票收益率主要受市场组合、市值因子（规模）、账面市值比因子（成长性）三个主要因子影响。同样，*APT*的因子同样可以表现为统计因子，可以借助数据挖掘（data mining，DM）方法构建，在金融科技领域较为常见。

第七，*CAPM*的经济意义重于实践意义，*APT*的实践意义重于经济意义。

当然，资产定价领域还有许多定价公式，这里只选择较为常用的*CAPM*和*APT*两个股权资本成本的度量公式作为代表模型。如果加上之前涉及*DDM*和*MMII*两个模型，对股权资本成本的度量，至少有四个基本模型。

Essentially, then, Type B agents are uniformly less risk averse than some constant relative risk averse agents.

Assume that the returns on the particular subset of assets under consideration are subjectively viewed by agents in the market as being generated by a model of the form

$$\begin{aligned} \tilde{x}_i &= E_i + \beta_{i1}\tilde{\delta}_1 + \cdots + \beta_{ik}\tilde{\delta}_k + \tilde{\epsilon}_i , \\ &= E_i + \beta_i\tilde{\delta} + \tilde{\epsilon}_i , \end{aligned} \tag{15}$$

where

$$E\{\tilde{\delta}_i\} = E\{\epsilon_i\} = 0,$$

and where the $\tilde{\epsilon}_i$'s are mutually stochastically uncorrelated. We will impose no further restrictions on the form of the multivariate distribution of $(\tilde{\delta}, \tilde{\epsilon})$ beyond the requirement that $(\exists\ \sigma < \infty)$

$$\sigma_i^2 = E\{\tilde{\epsilon}_i^2\} \leqslant \sigma^2. \tag{16}$$

In particular, then, the $\tilde{\delta}_i$ need not be jointly independent or even independent of the $\tilde{\epsilon}_i$'s, they need not possess variances, and none of the random variables need be normally distributed.

A point on notation is also needed. In what follows, $\alpha^0$ will denote an $n$-element optimal portfolio for the agent under consideration, i.e., $\alpha^0$ maximizes $E\{U[w\alpha\tilde{x}]\}$, subject to $\alpha e = 1$. The vector $\beta^l$ will be the column vector $\langle\beta_{1l}, ..., \beta_{nl}\rangle'$ and $\beta_i$, as above, denotes the row vector $\langle\beta_{i1}, ..., \beta_{ik}\rangle$. The single letter $\beta$ will denote the matrix

$$[\beta^1 \vdots \cdots \vdots \beta^k].$$

Assumption 1 (Liability limitations). There exists at least one asset with limited liability in the sense that there is some bound, $t$, (per unit invested) to the losses for which an agent is liable.

Assumption 1 is satisfied in the real world by a wide variety of assets. We can now prove a key result about Type B agents.

Theorem 1. *Consider a Type* B *agent who lives in a world that satisfies Assumption* 1 *and who believes that returns are generated by a model of the form of* (15). *If* $(\exists m < \infty)$ *such that*

$$\alpha^0 E \leqslant m, \tag{17}$$

*then* ($\exists \rho$ *and a* $k$ *vector,* $\gamma$) *such that*

$$\sum_{i=1}^{\infty} [E_i - \rho - \beta_i\gamma]^2 < \infty. \tag{18}$$

图 2.9　罗斯 1976 年给出的套利定价理论，公式 18

## 三、WACC法的循环逻辑

尽管 $WACC$ 估值法具有诸多优势，但从理论上讲，它存在着循环论证。再次回顾 $WACC$ 法的估值流程：

第一步，估算息税前利润 $EBIT$，涉及对公司产品价格、销量、成本、费用等的基本财务假设，$EBIT$ 可以拓展为更为复杂的经营现金流量，这里考虑简化形式。

第二步，估算加权平均资本成本 $WACC$，定义式中包含四个基本参数：债务资本成本 $R_B$，股权资本成本 $R_S$，度量资本结构的财务杠杆 $B/S$，企业所得税税率 $t$。

第三步，对息税前利润 $EBIT$ 以 $WACC$ 为折现率进行折现，估算公司价值，即估算债务价值与股权价值之和。

第四步，用公司价值减去债务价值，估算股权价值，一般假设债券平价发行，即债务未来利息的贴现值就是当前债务规模 $B$。

其中第四步最为关键，因为投资人的绝大部分决策是股权投资，但这种价值估算过程，涉及到一个循环逻辑的论证：

第一，采用 $WACC$ 法进行价值估算，至少涉及两个基本参数，即财务杠杆 $B/S$ 和债务规模 $B$。要计算第二步的 $WACC$，就需要财务杠杆 $B/S$；一般假设债券平价发行，因此假设债务规模 $B$ 已知。

第二，给定财务杠杆 $B/S$ 和债务规模 $B$，理论上就可以计算出股权价值 $S$，即 $S=B/(B/S)$。

这就表明，当采用 $WACC$ 法估算公司价值时，如果以下等式成立：

$$V_L = B + \frac{S}{B/S} = \frac{EBIT \cdot (1-t)}{WACC}$$

那么使用 *WACC* 法估算公司价值无必要；如果关系式不成立，那么就是应用 *WACC* 法时出现了偏差，这就是 *WACC* 法中蕴含的循环逻辑。

# 第五节　WACC 法中循环逻辑的解释

## 一、WACC的命题属性

*WACC* 估值法之所以出现这种循环论证，根源在于 *WACC* 这个概念本质上是命题推论而非前提假设。

莫迪利安尼和米勒1958年的研究中，首先给出的是公司价值与资本结构无关，在此基础上推出 *WACC* 与资本结构无关。他们在1963年的研究中，引入企业所得税税率，指出带财务杠杆的公司价值等于无财务杠杆的公司价值加上税盾，即 *MMI* 估值法。同时，税收会给公司的资本成本度量带来困难，这时无论使用息税前利润 *EBIT* 还是净利润 *NI*，均有问题。如果将公司资本成本定义为债务资本成本 $R_B$ 和股权资本成本 $R_S$ 的加权平均，必然有以下公式成立：

$$WACC = \frac{S + B(1-t)}{B+S} R_U = \frac{1+\lambda(1-t)}{1+\lambda} R_U = \frac{V_U}{V_L} R_U$$

其中 $\lambda = B/S$，表示财务杠杆。结合无杠杆公司价值 $V_U = EBIT \cdot (1-t)$，可以得到以下关系：

$$WACC \cdot V_L = V_U R_U = EBIT \cdot (1-t)$$

可以从以下几点做进一步解释：

第一，公司的息税前利润 $EBIT$ 和税率 $t$ 外生给定，和资本结构无关。

第二，公司无杠杆下的税后股权资本成本或折现率 $R_U$ 由公司所属的收益等价类决定，也是外生参数。

第三，基于前述的三个外生参数 $EBIT$、$t$ 和 $R_U$，可以估算出无杠杆公司价值 $V_U$。

第四，要估算 $V_L$，如果从 $MMI$ 出发，需要四个外生参数：$EBIT$、$t$、$R_U$ 以及债务规模 $B$。

第五，要估算 $WACC$，本质上需要三个外生参数：$t$、$R_U$ 和财务杠杆 $\lambda$。

第六，从 $WACC \cdot V_L = EBIT \cdot (1-t)$ 可以看出，杠杆公司价值 $V_L$ 和加权平均资本成本 $WACC$ 本质上都是未知量，如果计算出一个指标，必然可以计算出另一个指标，即 $V_L$ 和 $WACC$ 是一枚硬币的两面。

因此，要估算 $WACC$，表面上需要债务资本成本 $R_B$、财务杠杆 $\lambda$、税率 $t$ 和股权资本成本 $R_S$ 四个参数，而本质上需要 $\lambda$、$t$ 和无杠杆股权资本成本 $R_U$ 这三个参数。一旦知晓 $\lambda$ 和债务价值 $B$，就可以直接估算出股权价值 $S$，进而估算出公司价值，这就是 $WACC$ 产生循环论证的内在原因。

## 二、WACC循环逻辑易于被掩盖的原因

这种循环逻辑容易被掩盖，主要就是前文提及的两点原因：

第一，$WACC$ 估值法流程简化，且定义容易被投资者理解和接受。

第二，$WACC$ 易于与资产定价研究领域相结合，尤其对股权资本成本 $R_S$ 的估算。

估算 $WACC$，经常会同时涉及资产定价和公司金融两大领域，使得 $WACC$ 估值法的循环论证进一步被隐藏。这里不妨以金融实践中的"加杠杆去杠杆"公式为例。

估算 $WACC$ 中的股权资本成本，经常会借助 $CAPM$。计算任意资产的期望收益率或者资本成本的公式为：$R_i = R_f + \beta_i(R_m - R_f)$，其中包括三个参数：无风险资产收益率 $R_f$，市场组合期望收益率 $R_m$，贝塔系数 $\beta_i = \mathrm{cov}(\tilde{R}_i, \tilde{R}_m)/\mathrm{var}(\tilde{R}_m)$，资产 $i$ 表示任意资产，既可以表示杠杆下的股权资本，也可以表示无杠杆的股权资本。从 $CAPM$ 公式可以看出，给定 $R_f$ 和 $R_m$，任意资产的期望收益率 $R_i$ 和其贝塔系数 $\beta_i$ 之间存在一一对应关系。

计算股权资本成本 $R_S$，从 $CAPM$ 出发，必然需要计算贝塔系数。但是理论上计算贝塔系数，需要获得收益率这个随机变量，事实上不可能。因此经常基于类似公司的历史收益率数据进行构建。注意到不同财务杠杆公司的贝塔系数不同，计算目标公司的贝塔系数流程如下：

第一步，将 $MMII$ 中的 $R_S$、$R_U$ 和 $R_B$ 分别用 $CAPM$ 表示：

$$R_S = R_f + \beta_S(R_m - R_f)，R_U = R_f + \beta_U(R_m - R_f)，R_B = R_f + \beta_B(R_m - R_f)$$

这里放宽债务资本成本的收益率也是随机变量，并非无风险。

第二步，将 $R_S$、$R_U$ 和 $R_B$ 的表达式代入 $MMII$，整理有：

$$\beta_S = \beta_U + \frac{B}{S}(1-t)(\beta_U - \beta_B)$$

不同财务杠杆公司的股权资本成本不同，但是 $\beta_U$ 却相同，这是基于无杠杆公司股票的同质化假设。

第三步，令 $\beta_B = 0$，得到“去杠杆”公式：

$$\beta_U = \frac{1}{1+(B/S)(1-t)}\beta_S$$

这步表明，去财务杠杆本质上是为了计算出 $\beta_U$。同时 $\beta_B = 0$ 表明，为了简化计算，债务资本简化为无风险资产，事实上莫迪利安尼和米勒证明无关性定理时，也给出了这一假设。

第四步，在计算出 $\beta_U$ 的基础上，基于本公司或项目的财务杠杆，就可以计算出相应的股权资本成本，这就是“加杠杆”公式：

$$\beta_S = (1+\frac{B}{S}(1-t))\beta_U$$

再借助 $CAPM$，就可以计算出杠杆公式的股权资本成本。

“加杠杆去杠杆”公式，就是先通过去掉相似公司的财务杠杆，计算出 $\beta_U$，再结合本公司的财务杠杆，计算本公司的 $\beta_S$。从上述步骤可以看出，*WACC* 是资产定价和公司金融两个领域的交汇，即涉及到 *CAPM* 和 MM 定理两个体系，使其自身的循环逻辑进一步被掩盖。

## 三、打破WACC循环逻辑的可行路径

*WACC* 本质上是 MM 定理的推论，要打破 *WACC* 的循环，

基本可行的路径就是回到*MMI*估值法。

从*MMI*可以看出，计算杠杆公司价值所需的息税前利润*EBIT*、税率$t$、无杠杆股权资本成本$R_U$和债务价值$B$这四个参数，均可以视为外生参数。*WACC*估值法，必然涉及反映资本结构的财务杠杆。

简言之，*MMI*估值法理论重于实践，而*WACC*估值法实践重于理论。

# 第六节　三种税率下的无关性定理

## 一、三种税率

莫迪利安尼和米勒1958年的研究中，在不考虑企业所得税的情形下，指出公司价值与资本结构无关。随后在1963年的研究中，引入企业所得税，此时债务规模会增加公司价值。

但是，1958年论文中第57个脚注表明，他们实际上已经意识到税盾效应极易受到税法的制约。如果财务杠杆较高，投资者从公司债券中获得的利息收入相应较高，需要缴纳个人所得税。而如果投资于纯股权公司，利用盈余公积或未分配利润进行再投资，投资者会缴纳较低的资本利得税（low capital gains rate）。这就意味着实践中不是债务规模越高越好。

沿着这个思路深入思考，米勒在1977年的研究中，除企业所得税税率外，还引入了利息所得税税率（personal income tax rate applicable to income from bonds）和股利所得税税率（personal income tax rate applicable to income from common stock）。

在引入三种税率的基础上，米勒研究指出，他和莫迪利安尼在1958年研究得出的无关性定理依旧成立：公司价值与资本结构依旧无关。这就使他们的系列研究最终形成了理论闭环。需要指出的是，米勒在1977年的研究中单独署名。米勒在文中解释莫迪利安尼之所以未署名，因为他此时正全身心地忙于担任美国经济年会主席的相关工作中。

## 二、无关性定理的再成立

引入企业所得税税率 $t_C$、利息所得税税率 $t_{PB}$ 和股利所得税税率 $t_{PS}$ 这三种税率后，债务对公司价值的增量可以表示为：

$$G=\left[1-\frac{(1-t_C)(1-t_{PS})}{1-t_{PB}}\right]B$$

不妨这样来理解上述公式。假设公司的债务规模为 $B$，投资者持有杠杆公司的股权比例为 $a$，则每期获得的收益可以表示为：$a(EBIT-R_B B)(1-t_C)(1-t_{PS})$。这种收益可以由以下投资组合复制：

首先，持有该公司在财务无杠杆情形下的股权比例为 $a$，每期收益为 $a\cdot EBIT\cdot(1-t_C)(1-t_{PS})$；

其次，借入债务规模为 $a\cdot B\cdot(1-t_C)(1-t_{PS})/(1-t_{PB})$，考虑到利息需要缴纳利息所得税，债务实际成本为：$a\cdot R_B\cdot B\cdot(1-t_C)(1-t_{PS})$。

将两种持有方式下的收益进行对比，会发现两者相等，就能得出债务对公司价值的增量表达式。

不妨将增量理解为广义上的税盾效应，可以得出以下几点结论：

第一，若 $t_C = t_{PB} = t_{PS} = 0$，则 $G = 0$。如果不存在税率，税盾效应不存在，这就是莫迪利安尼和米勒1958年中的无关性定理。

第二，若 $t_{PB} = t_{PS}$，则 $G = t_C B$。如果利息所得税税率和股利所得税税率二者相等，就回到了他们1963年的基本结论，即 $MMI$。

第三，若 $t_{PB} > t_{PS}$，则 $G < t_C B$。如果利息所得税税率大于股利所得税税率，那么实际的税盾效应就小于 $MMI$ 中理想的税盾效应。

第四，若 $(1-t_C)(1-t_{PS}) > 1-t_{PB}$，则 $G < 0$。在一定条件下，广义的税盾效应甚至为负，此时投资者更倾向于持有股票。

第五，若 $(1-t_C)(1-t_{PS}) < 1-t_{PB}$，则 $G > 0$。这种情形下，投资者更倾向于持有债券。

米勒进一步研究指出，投资者会比较以股票还是以债券形式进行投资后的收益，无套利下，必然会有 $(1-t_C)(1-t_{PS}) = 1-t_{PB}$，从而出现均衡的债务规模，即出现米勒均衡。在这一条件下，$G = 0$，不存在广义的税盾效应。这就再次得到了无关性定理：公司价值与资本结构无关。

## 三、实际税率的影响

前述分析表明，无关性定理是否成立，即米勒均衡能否出现，必然受到实际税制的影响。不同的税制下，无关性定理既可能成立，也可能不成立。

我国的个人所得税法的要求，利息、股息和红利所得，均应缴纳个人所得税。也就是说，一般情形下，利息和股利面临相同的个人所得税税率，即 $t_{PB}=t_{PS}$。也就是说，如果不考虑其他因素，*MMI* 估值法依旧成立。

## 第七节　第二代估值模型小结

在威廉姆斯、格雷厄姆、杜兰等研究基础上，莫迪利安尼与米勒于1958年与1963年的两篇论文，标志着基于折现现金流思想的第二代估值模型的成熟。虽然米勒1977年尝试使无关性定理重新成立，力图使他们的研究形成理论闭环，但无关性定理在实际税制下依旧可能不成立。

MM第一定理或 *MMI* 估值法是莫迪利安尼与米勒的核心结论，而加权平均资本成本估值法或 *WACC* 估值法是前者的推论。*WACC* 法易于被投资者理解接受，并将公司价值估算简化为“鹦鹉估值三部曲”：先估现金流，再估 *WACC*，最后折现。但是，*WACC* 法存在内在的循环逻辑，理论上还需回归到 *MMI* 法。

*MMI* 法与 *WACC* 法相比而言，前者更偏重理论，后者更偏重实践。*WACC* 法虽然存在循环逻辑，但理论上存在的参数不代表在实践中能够被准确计算，两种估值方法在实践应用中均有缺陷。相比而言，*WACC* 法依旧是更为常用的估值方法。

*MMI* 法与 *WACC* 法作为第二代估值模型的代表，更为重要的意义在于，它们在什么样的条件下能够成立，例如引入破产成本、交易成本等因素，估值模型会发生怎样的变化，这就为后续的估值方法探索，指明了方向。

最后需要指出的是，第二代估值模型的操作性较强，而后续的估值模型，例如引入破产成本或交易成本，虽然理论上更为严密，但对这类成本因素的度量，更偏重理论上的探讨，可操作性显然不如第二代估值模型。

因此，*MMI* 法与 *WACC* 法既在方法论发展中承上启下，又是实践应用中的主流方法。

Stiglitz [38], and in two important papers by Fischer Black [7], [8]—papers still unpublished but whose contents were communicated to me, sometimes in very forceful fashion, in the course of many arguments and discussions.

When the personal income tax is taken into account along with the corporation income tax, the gain from leverage, $G_L$, for the stockholders in a firm holding real assets can be shown to be given by the following expression:

$$G_L = \left[1 - \frac{(1-\tau_C)(1-\tau_{PS})}{1-\tau_{PB}}\right] B_L$$

where $\tau_C$ is the corporate tax rate, $\tau_{PS}$ is the personal income tax rate applicable to income from common stock, $\tau_{PB}$ is the personal income tax rate applicable to income from bonds and $B_L$ is the market value of the levered firm's debt. For simplicity at this stage of the argument, all the taxes are assumed to be proportional; and to maintain continuity with the earlier MM papers, the expression is given in its "perpetuity" form.[18]

Note that when all tax rates are set equal to zero, the expression does indeed reduce to the standard MM no-tax result of $G_L = 0$. And when the personal income tax rate on income from bonds is the same as that on income from shares—a special case of which, of course, is when there is assumed to be no personal income tax at all—then the gain from leverage is the familiar $\tau_C B_L$. But when the tax rate on income from shares is less than the tax on income from bonds, then the gain from leverage will be less than $\tau_C B_L$. In fact, for a wide range of values for $\tau_C$, $\tau_{PS}$ and $\tau_{PB}$, the gain from leverage vanishes entirely or even turns negative!

Let me assure you that this result is no mere sleight-of-hand due to hidden trick assumptions. The gain evaporates or turns into a loss because investors hold securities for the "consumption possibilities" they generate and hence will evaluate them in terms of their yields net of all tax drains. If, therefore, the personal tax on income from common stocks is less than that on income from bonds, then the *before-tax* return on taxable bonds has to be high enough, other things equal, to offset this tax handicap. Otherwise, no taxable investor would want to hold bonds. Thus, while it is still true that the owners of a levered corporation have the advantage of deducting their interest payments to bondholders in computing their corporate income tax, these interest payments have already been "grossed up," so to speak, by any differential in the taxes that the bondholders will have to pay on their interest income. The advantage of deductibility at the one level thus merely

18. The expression can be derived in a number of ways of which the simplest is perhaps the following variant on the MM reply to Heins and Sprenkle [29]. Ownership of the fraction $\alpha$ of the levered corporation yields a return to the investor of $\alpha(\tilde{X} - rB_L)(1-\tau_C)(1-\tau_{PS})$ where $\tilde{X}$ is the uncertain return on firm's real (as opposed to financial) assets. This can be duplicated by the sum of (a) an investment of $\alpha S_U$ in the shares of the twin unlevered corporation, which yields $\alpha X(1-\tau_C)(1-\tau_{PS})$; plus (b), borrowing $\alpha B_L[(1-\tau_C)(1-\tau_{PS})/(1-\tau_{PB})]$ on personal account. Since interest is deductible under the personal income tax, the net cost of the borrowing is $\alpha r B_L(1-\tau_C)(1-\tau_{PS})$ and thus the original levered stream has been matched.

Here and throughout, the tax authorities will be presumed to have taken the steps necessary to prevent taxable individuals or firms from eliminating their tax liabilities or converting them to negative taxes by "tax arbitrage" dodges (such as borrowing to hold tax-exempt securities) or by large-scale short-selling.

图 2.10　米勒 1977 年给出的广义税盾效应，图中公式

# 第三章
# 斯科特（1976）：含破产成本的估值模型

基于莫迪利安尼和米勒系列研究形成的第二代估值模型，包括 *MMI* 估值法及其推论 *WACC* 估值法，核心结论是带财务杠杆的公司价值，等于在无财务杠杆的公司价值基础上，加上税盾价值（tax shield，TS），增加债务规模就能增加公司价值。要实现公司价值最大化，或者实现公司加权平均资本成本最小化，就要将财务杠杆（$B/S$）用到极致，乃至比例趋于无穷。债务对公司价值而言，有百利而无一害，即仅有税盾效应，这无论在理论研究中还是在实务运用中，显然违背常识。

无论杜兰还是莫迪利安尼、米勒，事实上都注意到债务会形成潜在的成本，公司不可能无限制扩张债务规模，这种潜在成本就是破产成本（bankruptcy costs，BC）。公司的现金流如果不足以偿还归属债权人的利息，就会破产，破产会产生相关费用。企业一旦破产，对公司经营产生的息税前利润 *EBIT* 的分配，除了股东（$E$）、债权人（$I$）和国家（$T$）外，还应包括破产流程中引入的律师事务所、会计师事务所、破产清算事务所等。

这就表明，莫迪利安尼与米勒在无关性定理基础上，引入税收，影响的仅仅是对息税前利润 *EBIT* 的分配流程，财务杠杆或资本结构，与 *EBIT* 本质上无关。但破产成本的引入，降低了用于分配的 *EBIT* 规模，这时资本结构就会与 *EBIT* 相关，这就使得公司价值的估算更为复杂。简言之，*MMI* 估值法中资本结构与 *EBIT* 的生成无关，仅影响 *EBIT* 的分配，但破产成本引入后，资本结构与 *EBIT* 的生成相关。

公司价值定义为债务价值与股权价值之和，引入破产成本后，在 *MMI* 估值法和 *WACC* 估值法基础上，最终形成了第三代折现现金流模型，即包含破产成本的估值成本模型：

$$V_L \equiv B + S = V_U + TS - BC$$

杠杆公司价值 $V_L$，等于无杠杆公司价值 $V_U$，加上税盾价值 $TS$，减去破产成本 $BC$。债务对公司价值的净增量，取决于税盾价值与破产成本之差，在一定条件下，存在最优债务规模。公司融资决策，需要在这两种正负效应中进行权衡，最终发展出最优资本结构决策的权衡理论（trade-off theory）。

与 *MMI* 估值法和 *WACC* 估值法相比，包含破产成本的公司价值估算模型具有以下两个显著特点：

第一，破产成本易于理解，但难以估算；

第二，估值常用的持续经营（going concern）假设难以成立。

破产成本只有在破产时才能较好地度量，不仅包括律师费用等直接成本，还包括对企业上下游供应影响在内的诸多间接成本，难以形成统一的估算范式。同时，破产情形下，持续经营假设不再成立，涉及到发生破产的概率分布。

正是因为这两个特点，虽然破产成本很早就被意识到，但是要形成诸如 *MMI* 估值法和 *WACC* 估值法等具有清晰解析表达式的估算公式，显然极为困难。如果企业不存在债务，那么基本就没有破产成本，只有在债务累积到一定程度后，才可能导致破产。显然，“一定程度”的主观性极强。尝试将破产概率引入估值模型，经由多人的发展，才最终在1976年由斯科特（James H. Scott）“勉强”给出了一个接近*MMI*估值法和*WACC*估值法中的解析表达式。这也是选择斯科特估值模型作为第三代估值模型的最重要原因。

可以看出，第三代及后续的估值模型，更多的是从理论上对经济实践进行解释，在估值方法的实践应用上，可操作性较弱。

# 第一节　破产流程

## 一、破产的由来

破产（bankruptcy）一词来源于法语“banqueroute”和意大利语“banca rotta”，表示商人因经营不善而无法偿还债务，致使生意失败。“banca rotta”在意大利语中表示“断裂的长椅”。中世纪的商人一般会在经营地方放一条长椅，当他不能向债主还钱时，长椅就会被折断。自从破产在集市中产生并写入法令条文，就变得复杂起来。

一旦公司经营陷入财务困境（financial distress），就需要进行重整（reorganization）或重组，也可能破产或者清算。但是无论重整还是破产清算，都需要高昂的费用。

## 二、破产申请

我国对破产的相关规定，主要体现在《中华人民共和国企业破产法》中，简称《破产法》，这里不妨以2006年8月通过、2007年6月正式实施的《破产法》为依据。

《破产法》第二条指出公司能申请破产的三条标准：

第一，企业法人不能清偿到期债务。

第二，资产不足以清偿全部债务。

第三，明显缺乏清偿能力。

满足其中任何一条，债务人或者债权人方可依据一定的流程向人民法院申请重整或破产清算。人民法院一旦接受破产申请，会指定管理人。

管理人依法向人民法院报告工作，可以由有关部门、机构的人员组成的清算组担任，也可以由依法设立的律师事务所、会计师事务所、破产清算事务所等社会中介机构担任，同时接受债权人会议和债权人委员会的监督。

第一次债权人会议由人民法院召集，参与者不仅包括依法申报债权的债权人，还应包括债务人的职工和工会的代表。债权人会议可以决定设立债权人委员会，行使相应职权。

债权人会议的决议，需要同时满足以下两个标准：

第一，由出席会议的有表决权的债权人过半数通过。

第二，其所代表的债权额占无财产担保债权总额的二分之一以上。

## 三、重整

债务人或者债权人也可依据《公司法》向人民法院申请重整。

如果债权人已经申请对债务人进行破产清算，在人民法院受理破产申请后、宣告债务人破产前，这期间债务人可以向人民法院申请重整，申请者也包括出资额占债务人注册资本十分之一以上的出资人。

重整计划要在债权人会议上通过，需要满足以下两个条件：

第一，出席会议的同一表决组的债权人过半数。

第二，其所代表的债权额占该组债权总额的三分之二以上。

重整期间，债务人可以在管理人的监督下自行管理财产和营业事务。但是《公司法》第七十八条指出，如果出现以下三种情形，经管理人或者利害关系人请求，人民法院应当裁定终止重整程序，并宣告债务人破产：

第一，债务人的经营状况和财产状况继续恶化，缺乏挽救的可能性。

第二，债务人有欺诈、恶意减少债务人财产或者其他显著不利于债权人的行为。

第三，由于债务人的行为致使管理人无法执行职务。

## 四、破产清算

被宣告破产后，债务人就称为破产人，其财产被称为破产财产。人民法院受理破产申请时，对债务人享有的债权，称为破产债权。

管理人拟定的破产财产变价方案，经债权人会议表决通过后，应通过拍卖的方式变价出售破产财产。

需要注意的是，《公司法》规定破产财产的五大清偿顺序为：

第一，破产费用和共益债务。

第二，对破产人的特定财产享有担保权的债权。

第三，所欠职工工资和医疗、伤残补助、抚恤费用等。

第四，破产人欠缴的除前项规定以外的社会保险费用和所欠税款。

第五，普通债权。

其中，如果破产财产不足以清偿同一顺序的清偿要求，则按照比例分配。

### 五、破产终结

未被宣告破产前，如果债务人财产不足以清偿破产费用，管理人应当提请人民法院，终结破产程序。

被宣告破产后，破产人若无财产可供分配，管理人应当请求人民法院裁定，终结破产程序。

## 第二节　破产成本

### 一、破产的直接成本

破产的直接成本没有明确的分类标准，大体包括破产费用、追偿成本和流动性损失这三类。

第一类直接成本是破产费用。我国《公司法》第四十一条指出下列三种费用为破产费用。

第一，破产案件的诉讼费用。

第二，管理、变价和分配债务人财产的费用。

第三，管理人执行职务的费用、报酬和聘用工作人员的费用。

这就表明，一旦破产程序开始，为保障破产程序顺利进行，程序性开支不可避免，概括起来就是诉讼费、处置费和管理人费。破产费用是由债务人财产最先清偿且随时清偿。

一个经常与破产费用联系在一起的概念是共益债务。《公司法》第四十二条指出以下六种情形为共益债务：

第一，因管理人或者债务人请求对方当事人履行双方均未履行完毕的合同所产生的债务。

第二，债务人财产受无因管理所产生的债务。

第三，因债务人不当得利所产生的债务。

第四，为债务人继续营业而应支付的劳动报酬和社会保险费用以及由此产生的其他债务。

第五，管理人或者相关人员执行职务致人损害所产生的债务。

第六，债务人财产致人损害所产生的债务。

共益债务虽然是债务，其出发点是为了保护所有债权人的共同利益，但又不是普通债务，只有在破产受理之后才会产生，普通债务在破产受理前就已产生。与破产费用这种程序性开支不同，共益债务并非必然产生。共益债务也是采用随时清偿方式，清偿顺序仅次于破产费用。

共益债务在破产受理后才可能发生，因此理论上应该属于破产成本的一种，但属于破产成本的哪种类型，值得商榷。

第二类直接成本是利益相关者的追偿成本。只要与公司经营利益相关，或多或少都会在公司破产时遭受损失。债权人在公司破产流程中，需要对公司经营层进行监督，就会产生监督成本。债权人之间对采用破产清算还是重整的决策，以及对破产财产的分配，经常会产生分歧与争执，形成相应的追偿成本。

第三类直接成本是流动性损失。公司一旦陷入财务危机，公司的证券持有人，包括股东和债权人，所持有的证券价值容易下跌，而且证券流动性也随之下降，使得交易成本上升。

## 二、破产的间接成本

破产的间接成本相比直接成本而言，更难形成统一标准，大体可分为两类：市场份额损失成本和经营效率损失成本。

破产的第一类间接成本由市场份额的损失造成。公司不论是陷入财务危机还是被宣告破产，其产业链上下游的相关公司，如材料供应商、客户等，出于对风险的考虑，很难对即将破产的公司伸出援手。随着经营恶化，公司吸引技术人才、优质供应商和客户的能力就会下降，很容易失去大量的市场份额，而且会给竞争对手带来扩张的机会。

破产的第二类间接成本由经营效率的损失造成。公司因为陷入非常态经营，很难及时抓住市场中出现的各类机会，而且因为融资能力下降，融资成本会显著上升，使得公司的经营效率急速下降。

可以看出，对间接成本的度量，不仅口径难以在业内形成一致，而且显然比直接成本更难估算。

# 第三节　斯科特估值模型

## 一、债务合同优先原则

要建立包含破产成本的估值模型，首先需要给出相应假设，其中最主要的是从理论角度建立债务的假设，这就涉及法玛（Eugene F. Fama）和米勒1972年《金融理论》（*The Theory of Finance*）第四章分析不确定模型中提出的债务合同优先原则（“me first” rules）。斯科特加以修正，表述为四点：

第一，利息在每期期末均需支付。

第二，任何降低既有债务价值的投融资决策都很难实施，除非对债权人充分补偿。

第三，违背上述两点均会导致公司破产。

第四，一旦公司破产，债权人的债权申报为债权面值加上到期利息。

## 二、投资者同质化假设

证券市场中存在大量的买者和卖者，都无法影响价格，即投资者都是价格接受者。证券对投资者而言无限可分，不存在经纪费（brokerage charges）和发行成本（flotation costs）。所有投资者均能同等地无成本地获得相关信息。除此之外，投资者还存在两个重要假设。

第一个假设是投资者风险中性。假设投资者并不关心风险，仅关心未来财富的最大值。该假设表明，在均衡状态下，所有证券，包括债券和股票，均有相同的期望收益率。无违约风险收益率（default free rate of interest）用 $r$ 表示，股东和债权人均以该折现率对相应的现金流进行折现，有点类似于米勒在1977年的均衡分析。

第二个假设是投资者对公司未来现金流的预期相同，即投资者对未来现金流有相同的主观概率分布。这种同质化预期主要体现在对息税前利润 *EBIT* 的预期上，虽然莫迪利安尼与米勒也将 *EBIT* 视为随机变量，但更多的是一种技术性假设，本质上还是将 *EBIT* 视为非随机变量进行分析。不妨将随机变量 *EBIT* 用 $X$ 表示，用 $f(x)$ 表示 $X$ 的连续可微的概率密度函数（probability density function，pdf），用 $F(x)$ 表示相应的累积分布函数（cumulative distribution function，cdf）。

可以进一步从以下两点对 *EBIT* 的随机性进行理解：

第一， *EBIT* 具有随机性后，即使不存在债务，公司也有可能破产，这可能源于产品价格的大幅下跌或成本的大幅上升，也可能源于某个法律纠纷而付出的高昂费用。

第二，基于 *EBIT* 的独立同分布预期假设，如果当前的融资决策已经决定，投资者就会预期未来的融资决策不发生变化，否则会影响到 $X$ 的概率密度，与假设冲突。

除以上两个假设外，企业所得税税率用 $t$ 表示，不存在个人所得税。公司融资只靠债券和股票，二者均为有限责任（limited liability）。公司每期需支付的利息用 $R$ 表示，显然，利息免征企业所得税。公司只要不破产，就会持续经营。

如果公司破产，其资产就会在不完美的二级市场中进行拍卖，仅能获得清算价值（liquidation value，LV）。显然，清算价值 $V_l$ 小于正常经营的非破产情形下的公司价值，即：$V_l < V_L \equiv B + S$。

## 三、股权价值估算

基于风险中性假设，股东以无违约风险收益率 $r$ 对未来的现金流进行折现。其现金流可以分为正常经营与破产状态。

正常经营下，股东在每期期末均会获得净利润或股利为：$(1-t)(X-R)$。因为息税前利润 $X$ 的未来概率分布相同，公司的投资决策或股利政策均不发生变化。除获得的股利外，股东持有的股票也不发生变化，用 $S$ 表示股权价值。则股东持有的初始股权，在第1期期末的实际价值为：$Y_{S1} = (1-t)(X-R) + S$。显然，只要利息能够被偿付，即只要 $X \geqslant R$，公司就能正常经营。

如果 $X < R$，股东就需要进行融资来偿付利息。股东有三种方式进行融资：出售部分股权，发行公司债券，出售资产。因为假设每期的利息 $R$ 和息税前利润 $X$ 的概率分布都不发生变化，发行公司债券和出售资产这两种方式并不可行，否则会违背假设，这也可以看出同质化分布假设极强。此时，股东仅能靠出售股权融资来偿付利息，融资规模为：$R-X$。注意到该融资能够产生税盾效应，股东持有的初始股权在第1期期末的实际价值为：

$$Y_{S1} = S-(R-X)+t(R-X)=(1-t)(X-R)+S$$

只要 $Y_{S1}=(1-t)(X-R)+S>0$，即只要 $X>R-S/(1-t)$，公司就能正常经营。一旦 $X\leqslant R-S/(1-t)$，公司就会陷入财务困境，最终破产。此时股东依旧不能出售资产或者发行新公司债券，因为这会违背债务合同优先原则。又因为受到有限责任的保护，股东的初始股权在第1期期末的实际价值为0。公司清算后，清算价值 $V_l$ 归债权人所有。

上述分析表明，股东的初始股权，在第1期期末的股权价值为：

$$Y_{S1}=\begin{cases}(1-t)(X-R)+S, & X>R-S/(1-t)\\ 0, & X\leqslant R-S/(1-t)\end{cases}$$

以无违约风险收益率 $r$ 对第1期期末现金流 $Y_{S1}$ 进行折现，给定 $X$ 的概率密度函数 $f(x)$ 和累积分布函数 $F(x)$，股权价值或现值表示为：

$$\begin{aligned}S&=\frac{\mathrm{E}Y_{S1}}{1+r}\\&=\frac{\int_{R-S/(1-t)}^{\infty}((1-t)(x-R)+S)f(x)\mathrm{d}x}{1+r}\\&=\frac{(1-F)S+(1-t)\int_{b}^{\infty}(x-R)f(x)\mathrm{d}x}{1+r}\end{aligned}$$

其中 $b=R-S/(1-t)$，$F=F(b)$。进一步定义 $\mathrm{E}_b(X-R)=\int_b^{\infty}(x-R)f(x)\mathrm{d}x$，股权价值可以表示为：

$$S=\frac{(1-t)\mathrm{E}_b(X-R)}{r+F}$$

可以从以下几点对上式进一步解释：

第一，$F=F(b)$ 实际上表示公司的破产概率，$b=R-S/(1-t)$ 是公司破产的临界点或者边界条件。引入概率密度函数 $f(x)$ 和累积分布函数 $F(x)$ 主要就是为了能够较好地构建破产概率。

第二，$\mathrm{E}_b(X-R)$ 表示归属股东的税前预期净利润，$(1-t)\mathrm{E}_b(X-R)$ 就可以表示期望净利润或者期望股利，这可以直观得出。

第三，折现率是在无违约风险收益率基础上加上违约溢价（default premium）。因为股东并不关心风险，$F$ 并不适合解释为风险溢价（risk premium），更适合解释为违约溢价。

第四，与 *MMI* 估值法和 *WACC* 估值法相比，最大的不同点在于折现率加上了破产概率进行调整。

第五，注意到 $b=R-S/(1-t)$，这就意味着上式的左边与右边均含有 $S$，即 $S$ 是由函数方程隐含地决定，这和投资决策中常用的内部收益率（internal rate of return，IRR）计算相似。

第六，要估算股权价值 $S$，必然需要对 $X$ 的概率分布密度 $f(x)$ 或累积分布函数 $F(x)$ 做出进一步假设，这也是引入破产成本和破产概率后估值模型的复杂之处。如果进一步假设息税前利润 $X$ 服从期望为 $\bar{X}$、方差为 $\sigma^2$ 的正态分布，即：$X\sim N(\bar{X},\sigma^2)$，股权价值可以进一步表示为：

$$S=\frac{(1-t)((\bar{X}-R)(1-F)+\sigma f(b))}{r+F}$$

给定 $\bar{X}$、$R$、$r$ 等相应参数，才可以求解出破产临界点 $b$ 和股权价值 $S$。

## 四、债务价值估算

公司债务一共有三种类型：共益债务，有担保的债务（secured debt）和无担保的普通债务（unsecured debt）。共益债务只有在破产过程中才可能产生，可以将其视为破产成本的一种，在清偿中与破产费用一起居于最优先的地位。那么债务价值由有担保的债务价值和普通债务价值构成。但从《破产法》的清偿顺序可以看出，有担保的债务清偿后，还需清偿职工工资、税款等，若有余款，才能清偿普通债务。

如果从提高公司价值的角度看，公司显然更愿意发行有担保的债券。息税前利润$X$具有随机性后，并非只有利息支付会造成破产，产品价格下降、原材料成本上升、合同纠纷等均会使公司陷入财务困境乃至破产。考虑到破产后的清偿顺序，公司会优先考虑发行有担保的债券，直至没有足够的资产进行担保。公司如果在第1期后破产，债权人的债权申报为：$R+B$。

如果清算价值大于债权申报，即$V_l > R+B$，那么公司将会对所有发行的债券进行担保，而且无论公司破产与否，债权人在第1期期末的债务价值均为：$R+B$。假设公司的债券平价发行，那么只要公司具备偿债能力，债务价值将恒定不变。

在债务被完全担保的情形下，公司债务价值满足关系：$B=(R+B)/(1+r)$，整理可得公司债务价值为：

$$B=\frac{R}{r}$$

如果公司还同时发行了无担保债券，即公司没有足够的资产对所有的债券进行担保。当清算价值低于债权申报时，即当

$V_l < R + B$ 时，债权人仅能获得清算价值 $V_l$。债权人在第1期期末的债务价值为：

$$Y_{B1} = \begin{cases} R + B, & X > R - S/(1-t) \\ V_l, & X \leqslant R - S/(1-t) \end{cases}$$

则债务价值或者现值为：

$$\begin{aligned} B &= \frac{\mathrm{E}Y_{B1}}{1+r} \\ &= \frac{V_l \int_{-\infty}^{R-S/(1-t)} f(x)\mathrm{d}x + (R+B)\int_{R-S/(1-t)}^{\infty} f(x)\mathrm{d}x}{1+r} \\ &= \frac{V_l F + (R+B)(1-F)}{1+r} \end{aligned}$$

其中 $b = R - S/(1-t)$，$F = F(b)$。整理可得，公司债务在未被完全担保情形下的价值为：

$$B = \frac{V_l F + R(1-F)}{r+F}$$

上式中，$V_l F + R(1-F)$ 表示债务的期望支付，折现率为在无违约风险收益率的基础上加上违约溢价：$r + F$。

## 五、公司价值估算

如果公司仅发行了少量债券并且完全担保，公司价值可以表示为：

$$V_L \equiv B + S = \frac{R}{r} + \frac{(1-t)\mathrm{E}_b(X-R)}{r+F}$$

如果公司发行大量债券且不能完全担保，公司价值可以表示为：

$$V_L=\frac{V_lF+R(1-F)}{r+F}+\frac{(1-t)\mathrm{E}_b(X-R)}{r+F}=\frac{(1-t)\mathrm{E}_bX+tR(1-F)+V_lF}{r+F}$$

现金流由三部分组成：税后期望利润 $(1-t)\mathrm{E}_bX$，利息形成的期望税盾效应 $tR(1-F)$，期望清算价值 $V_lF$。折现率为无违约风险收益率加上违约溢价：$r+F$。

这两种情形下的公司价值估算模型也被称为斯科特模型。

# 第四节　斯科特模型与 MM 模型的比较

## 一、两种估值法的相似性

斯科特估值法与 *MMI* 估值法及其推论 *WACC* 估值法相比而言，具有一定的相似性，这从以下几点可以看出：

第一，斯科特估值法可以视为 *MMI* 估值法的推论。如果不存在破产概率，即 $F=0$，斯科特模型就可以转化为 *MMI* 模型。可以看出，给定 $F=0$，无论公司债务是否被担保，公司价值均为：

$$V_L=\frac{(1-t)\mathrm{E}X+tR}{r}=\frac{(1-t)\mathrm{E}X}{r}+tB$$

只要将 E$X$ 理解为 *EBIT*，$r$ 理解为 $R_U$，斯科特模型就退化为 *MMI*。

the bond will fail to make its promised payments.[14] Note that as long as $V_d + R > lA$ and $F > 0$, the "yield to maturity," $R/V_d$, on the debt will exceed the default-free rate of interest.

If $X$ is normally distributed as in the previous example with $\bar{X} = 100$ and $\sigma = 400$, and if $\rho = 0.1$, and $R = 20$, then $F = 0.0125$. If $lA = 175$, then formula (2) implies $V_d = 195$. Had there been no probability of bankruptcy, the value of the debt would have been 20/0.1 or 200.

It is relatively easy to use this framework to derive valuation formulas for different classes of debt. For example, assume that the value of the debt represented by equation (2) consists of two types of debt, the senior of which, $V_d^s$, is fully secured, the other $V_d^u$, being completely unsecured. The formula for the secured debt is the same as that for a default: free security, i.e., $V_d^s = R^s/\rho$. Since it is fully secured while the other is completely unsecured, upon bankruptcy, all of the firm's assets will be delivered to the secured creditors or $V_d^s + R^s = lA$. This implies that $V_d^u = (1 - F)R^u/(\rho + F)$, where[15] $R = R^s + R^u$. Upon bankruptcy, the claims of the unsecured bondholders (who will receive nothing) equal $V_d + R - lA$. This latter quantity is important within the context of the firm's optimal structure, which will be discussed below.

□ **The market value of the firm.** If the firm has issued a relatively small amount of debt so that all of it is fully secured, then the total value of the firm is given by

$$V = V_d + V_e = \frac{R}{\rho} + \frac{(1 - t)E_b[X - R]}{\rho + F}. \tag{3}$$

If the firm has issued so much debt that part of it is unsecured (i.e., if $V_d + R > lA$), then

$$V = V_d + V_e = \frac{(1 - t)E_b[X] + tR(1 - F) + lAF}{\rho + F}. \tag{4}$$

Equations (3) and (4) can be viewed as generalizations of the firm valuation formula derived by Modigliani and Miller,[16] which assumed that the probability of bankruptcy is zero. If that is the case, then both (3) and (4) become

$$V = \frac{(1 - t)\bar{X}}{\rho} + tV_d, \tag{5}$$

which, given risk neutrality, is equivalent to the Modigliani-Miller formula.

[14] It is possible to modify the above derivation along the lines followed in Scott (1975a) under the assumption that investors are the risk averse and maximize the expected value of their quadratic utility functions, that the term structure is flat, and that the market price of risk is constant over time. In that case, a third term depending on the bond's covariance with the market can appear in the denominator. Such a term represents a true risk premium. The formula for equity can be modified as well.

[15] For the numerical example considered above, $R^s = 15.9$, $V_d^s = 159.1$; $R^u = 4.1$, $V_d^u = 36$. In order for this unsecured debt to sell at par, the coupon must be set so that $R^u = \text{Par}\ (\rho+F)/(1-F)$. For the example, $R^u/\text{Par} = 0.113$, while $R^s/\text{Par} = 0.10$.

[16] Modigliani and Miller (1963), equation (3). As shown in note 14, (3) and (4) can be generalized to a setting where investors are risk averse and maximize expected (quadratic) utility. Given $F = 0$ these generalized formulas are equivalent to the model derived by Hamada (1969), which is itself an extension of the Modigliani-Miller model.

图 3.1　斯科特 1976 年给出的估值模型，公式 3 和 4

第二，两个估值法都可以表达为“分子除以分母”的永续现金流折现模型。这里以债务不完全担保情形的斯科特模型为例。虽然包含破产成本时，公司的持续经营假设不再成立，但经过一定的技术假设，破产的影响最终表现为对折现率的处理，即将破产概率视为违约溢价即可。正是因为这种解析表达式的相似之处，才将斯科特模型视为第三代估值模型的代表。

第三，可以从 *MMI* 估值法来理解斯科特估值法。*MMI* 下，公司价值为无杠杆价值加上税盾价值：$V_L = V_U + TS$。引入破产成本后，公司价值还需在原来基础上减去破产成本。不妨假设破产成本是公司价值的某一比率 $\alpha$，即：$BC = \alpha V_L$，代入公司价值表达式：

$$V_L = V_U + TS - BC = V_U + TS - \alpha V_L$$

整理可得公司价值的表达式为：

$$V_L = \frac{1}{1+\alpha}(V_U + TS)$$

这就表明，破产成本如果与公司价值成比例，等价于将原有现金流的折现率同比例提高。在斯科特模型中，破产概率实质上也是同比例调整了原预期现金流的折现率。

## 二、两种估值法的不同点

斯科特估值法与 *MMI* 估值法也存在明显的不同。

第一，对债务融资决策的结论不同。*MMI* 下，对债务的利息偿付，只具有避税的优点，为增加公司价值，公司应尽可能地采用债务融资。但是，斯科特模型中，债务除了税盾效应外，还会增加破产的可能性，形成破产成本。这两种效应的权衡，能够决定最优的债务规模，这是斯科特模型的隐含结论，也是斯科特模型最重要的结论。

第二，对息税前利润的影响不同。*MMI* 下，财务杠杆或者资本结构的变化，并不会影响息税前利润 *EBIT*，影响的只是对 *EBIT* 的分配。但斯科特模型中，随着债务规模的增加，公司破产概率也随之上升，破产成本会降低 *EBIT*，即会降低在股东、债权人之间可分配的现金流规模。

第三，对公司价值的影响不同。*MMI* 下，公司价值随债务规模上升而上升。斯科特模型下，很小的债务基本不会使得公司破产，此时税盾效应大于破产成本，公司价值上升。但是，债务到达某一规模后，税盾的边际效应等于破产的边际成本，公司价值达到最大。此后再增加债务，公司价值会下降。因此，公司价值与财务杠杆呈现“倒U型”关系。

第四，对加权平均资本成本的影响不同。与公司价值的分析类似，*MMI* 下，财务杠杆上升，会使得 *WACC* 下降，下确界为 $(1-t)R_U$。斯科特模型下，随着债务杠杆上升，*WACC* 先下降后上升，二者呈现“U型”关系。*WACC* 的最低点，就是公司价值的最大值点。

## 三、斯科特模型的复杂性

斯科特估值法与 *MMI* 估值法或 *WACC* 估值法相比，最复杂的地方在于它由方程隐含地决定，仅仅给定 *MMI* 所需的参数，并不能估算出公司价值。重新审视债务不完全担保情形下的斯科特模型：

$$V_L = \frac{(1-t)\mathrm{E}_b X + tR(1-F) + V_l F}{r+F}$$

可以看出，要计算公司价值 $V_L$，还需要增加两个关键参数。

第一个参数为息税前利润 *EBIT* 的概率分布假设。仅仅给定现金流预测不够，还需要给定概率分布假设。给出一定的分布假设，才可以求解出破产概率的解析表达式：$F = F(b) = F(R - S/(1-t))$。对随机变量而言，如果给定其概率分布，就等于给定了这个随机变量的全部信息。显然，息税前利润的概率分布假设极强，而且在实践应用中极难操作。

第二个参数为清算价值 $V_l$。要在公司发展初期或者常态运营下，估算公司的清算价值，不仅涉及到既有实物资产和无形资产的估算，还涉及到在二级市场中的拍卖，在实际操作中极为复杂。

增加这两个必要参数后，斯科特模型还存在计算上的复杂性。*MMI* 估值法下，给定外生参数，就可以分别直接计算出无杠杆公司价值与税盾效应，进而计算出公司价值。但是从斯科特的估值模型可以看出，公司价值 $V_L$ 同样隐含在方程右边的破产概率 $F$ 中。$F$ 为破产临界点 $b$ 的价值，$b$ 中包含股权价值 $S$，而股权价值是公司价值 $V_L$ 的重要组成部分。也就是说，公司价值 $V_L$ 由斯科特估值法下的方程隐性决定，需要解方程才可以获得。

息税前利润的概率分布假设、清算价值的估算以及公司价值方程的复杂性，共同决定了斯科特估值法的实践应用性较弱，更像是一种理论探讨。

# 第五节　第三代估值模型小结

威廉姆斯定义了公司价值的折现现金流法，并发展出了第一代估值模型，即股利折现模型。杜兰将股利指标替换为息税前利润指标或净利润指标，莫迪利安尼和米勒在此基础上发展出了第二代估值模型：*MMI* 估值法或 *WACC* 估值法。在无关性定理的基础上引入债务的税盾效应，公司价值等于无杠杆价值加上税盾价值。

斯科特在第二代估值模型基础上进一步引入债务可能引发的破产成本，将债务的净效应定义为税盾与破产成本之差，并在一定假设基础上，给出了与 *MMI* 估值法或 *WACC* 估值法相类似的解析表达式，是第二代模型的拓展。

斯科特模型的核心结论是公司价值与资本结构（财务杠杆）呈现"倒U型"关系，即理论上存在一个最优债务规模。虽然最优债务规模理论上存在，但因为斯科特模型需要给出息税前利润概率分布等假设，实践中很难计算出最优债务规模，也很难运用斯科特模型估算公司价值。

这也使得，第二代估值模型，即 *MMI* 估值法或 *WACC* 估值法，依旧是公司估值的主流模型，即使作为第三代估值模型代表的斯科特模型对现实的解释性更强。

# 第四章
# 詹森和麦克林（1976）：含代理成本的估值模型

莫迪利安尼和米勒系列定理的核心假设主要是两点：同质化假设与资本结构与息税前利润无关假设。在这两个假设基础上，结合无交易成本、竞争无摩擦、无破产风险等，最终形成了以*MMI*估值法和*WACC*估值法为核心的第二代估值模型，债务因税盾效应会提高公司价值。

斯科特在第二代模型的基础上引入债务可能形成的破产风险，打破了持续经营假设，并且影响到息税前利润。债务对公司价值的影响，最终取决于税盾效应与破产成本之差。随着财务杠杆的上升，公司价值呈现先上升后下降的“倒U型”关系。虽然斯科特从理论上给出了估值的解析表达式，但由于破产成本难以度量，并且需要给出息税前利润的分布假设，因此第三代估值模型理论性明显重于实践性。

但是第二代估值模型和第三代估值模型本质上存在对立关系：如果只有税收，无破产风险，那么纯债务融资下，公司价值最大；如果只有破产风险，无税收，那么纯股权融资下，公司价值最大。这两种极限情形显然都不能够充分解释估值的实践情形。

最早意识到这种对立关系的是詹森（Michael C. Jensen）和麦克林（William H. Meckling）。他们在1976年的《企业理论：管理行为、代理成本与所有权结构》一文中指出，公司像市场一样，本质上是个体行为的均衡过程，因此可以将公司理解为基于内部股东、外部股东和债权人之间合同关系所形成的法律虚构（legal fiction）。不同主体之间利益不一致，就会形成代理成本（agency costs，AC）。也就是说，无论股权融资还是债务融资，都会带来成本。引入代理成本后，公司价值需要在第三代模型的基础上，进一步减去代理成本，即：

$$V_L \equiv B + S = V_U + TS - BC - AC$$

这就形成了第四代折现现金流估值模型：詹森和麦克林模型，即包含代理成本的估值模型。此时，杠杆公司价值 $V_L$，等于无杠杆公司价值 $V_U$，加上税盾价值 $TS$，减去破产成本 $BC$ 和代理成本 $AC$。

尽管形式相似，第四代估值模型与前三代估值模型却有着本质不同：

第一，经济学的方法论基础不同。詹森和麦克林模型以博弈论（game theory）为方法论核心，而莫迪利安尼和米勒模型、斯科特模型以局部均衡（partial equilibrium theory）或一般均衡理论（general equilibrium theory）为核心。

第二，前提假设不同。詹森和麦克林模型认为内部股东有投票权，而外部股东无投票权，这就表明，即使纯股权融资，其股票也不再是同质化商品。也就是说，与莫迪利安尼和米勒模型、斯科特模型相比，詹森和麦克林模型打破了同质化假设。

第三，对公司的理解不同。莫迪利安尼和米勒模型、斯科特模型都可以将公司视为一个理性的经济个体，即公司追求自身的价值最大化或利润最大化。而詹森和麦克林模型将公司定义为一组合同关系，需要研究内部股东、外部股东和债权人的各自利益关系，将公司视为经济个体无实质含义。

同时，詹森和麦克林模型也是前三代估值模型的进一步发展：

第一，詹森和麦克林模型属于权衡理论。包含代理成本的詹森和麦克林模型，不仅认为资本结构或者财务杠杆会影响到息税前利润，而且认为内部股东与外部股东不同，进一步打破了前三代估值模型的同质化假设。债务对公司价值的影响，取决于税盾效应、破产成本和代理成本这三种效应的权衡，因此理论上存在最优的资本结构或财务杠杆，同样属于权衡理论。

第二，代理成本与破产成本一样，难以度量。代理成本需要给出内部股东的偏好假设，这与斯科特模型中需要给出息税前利润分布假设一样复杂。因此，代理成本虽然发展出一系列金融理论，但从估值方法论而言，更适合于对金融现象的解释，理论性远重于实践性。

有意思的是，随着对债务代理成本的研究加深，詹森于1986年提出了自由现金流（free cash flow，FCF）概念，用于解释股东和经理之间的代理问题。但在实践中，自由现金流却与第二代估值模型密切结合在一起，在“鹦鹉估值三部曲”的第一步分子估算中，用自由现金流替代无杠杆现金流，形成了估值中最广为应用的折现自由现金流模型。

詹森和麦克林模型的核心是代理成本，这一概念本身属于经济学范畴，需要对博弈论有一定的理解，同时他们又将公司定义为一组合同关系，这又与企业理论的发展联系在一起。

# 第一节　代理成本的分析基础

## 一、一般均衡理论与博弈论发展

经济学对微观主体的研究，大体可分为一般均衡理论和博弈论，二者的核心区别是经济主体是否满足价格接受者（price taker）假设，即价格体系是否已经包含了充分的信息。如果认为理性的经济体是价格接受者，那么分析基础就属于一般均衡理论。如果认为价格不包括充分信息，并认为经济体的行为会影响价格水平，那么分析基础就属于博弈论。一般均衡理论发展过程中，派生出了博弈论，但博弈论的发展也极大促进了一般均衡理论的内涵。

一般均衡的概念还得从亚当·斯密（Adam Smith，1723—1790）讲起。英国经济学家斯密于1776年出版了《国家财富性质和原因的研究》（*An Inquiry into the Nature and Causes of the Wealth of Nations*）一书，简称《国富论》，标志着古典经济学的诞生，此后，经济学逐步发展成了一门独立的学科。该书中斯密将市场机制比喻成“无形的手”，消费者和企业都遵循市场规律，追求自身的效用最大化或利润最大化的结果，会使得社会的整体福利最大。这就是福利经济学第一定理：市场经济帕累托有效。

斯密对“无形的手”或一般均衡的研究，更多的是一种描述性。将一般均衡表述成数学方程的是法国经济学家瓦尔拉斯（Léon Walras，1834—1910），他也是法国洛桑学派的创始人。

价格通过市场机制决定的均衡过程，被瓦尔拉斯在1874年出版的《纯粹政治经济学要义》（*Elements of Pure Economics*）描述为："是否存在一种价格水平体系，使得所有商品同时出清"。这也是经济学中将鹦鹉比喻成经济学家这一笑话的源头。因此一般均衡也被称为瓦尔拉斯均衡，它依赖于这一大胆的假定：方程个数等于未知数个数的方程组有解。显然，这一论断基于当时的数学知识，无法得到正确证明。一般均衡的存在性证明，需要用到20世纪才发展起来的一种数学理论：不动点理论。

最早成功将不动点理论运用到经济学中的是冯·诺依曼（John von Neumann，1903—1957）和纳什（John Nash，1928—2015），这就涉及到了博弈论的发展。博弈论起源于人们玩扑克、象棋等游戏时的行为决策，后来发展成研究人们行为决策的数学或经济学分析工具。冯诺依曼1928年发表的一篇文章提出了二人零和博弈理论，标志着博弈论的诞生，这也是纳什出生的那一年。约十年后，摩根斯坦（Oskar Morgenstern）来到了普林斯顿，他与冯诺依曼通力合作，拓展了后者于1928年的研究，于1944年形成了第一本博弈论的经典著作《博弈论与经济行为》（*Theory of Games and Economic Behavior*）。他们主要分析合作博弈，提出了极大极小定理（The Minimax Theorem），二人零和博弈必有均衡解，对非合作博弈的分析也仅限于零和博弈的特殊情形。

纳什将冯诺依曼的分析重心，从合作博弈转移至非合作博弈，从零和情形拓展至非零和的一般情形。纳什1950年发表论文《多人博弈的均衡点》，该篇论文仅1页左右，但证明了非合作博弈中均衡的存在性，文中最后部分指出双人零和博弈是其特殊情形，论文证明技巧则是借助了角谷静夫不动点定理（Kakutani fixed point theorem）。角谷静夫于1941年给出的不动点定理，是对1912年布劳威尔不动点定理（Brouwer fixed point theorem）的推广，而且角谷静夫指出了该定理蕴含了冯诺依曼的极大极小定理。关于角谷静夫有一个小插曲。他有次做学术报告，发现有很多听众，就问身边的人为什么这么多人来听，身边人回答："他们是来看如此重要的角谷静夫不动点定理的作者。"角谷静夫紧接着问："什么是角谷静夫不动点定理？"

尽管法国经济学家古诺（Antoine Augustin Cournot）早在1830年就归纳出了纳什均衡的经济学思想，有时也被称为古诺—纳什均衡，但严格的数学证明，尤其是不动点定理的成功运用，是纳什的重要贡献。纳什也因为这一贡献，获得了1994年的诺贝尔经济学奖，这也是以发展博弈论而获奖的第一次。

纳什均衡是对一般均衡的重要补充，某种角度上也是一般均衡的对立面。在一般均衡中，经济主体接受市场这只"无形的手"指引，每个个体追求自己的利益最大化，社会福利也实现了最大化。但是纳什均衡中的经典的"囚徒困境"则表明，每个个体追求利益最大化，极易与社会福利目标相背离，甚至可能出现社会福利最小的情形。

受到冯诺依曼和纳什的影响，尤其是不动点理论的成功应用，德布鲁（Gerard Debreu，1927—2004）在1952年尝试运用角谷静夫不动点定理证明一般均衡的存在性，并与阿罗（Kenneth J. Arrow，1921—2017）于1954年合作发表了《竞争经济中的一般均衡存在性》，标志着一般均衡理论存在性问题的最终解决。一般均衡的存在性，正如纳什均衡的存在性一样，数学上的呈现形式就是不动点的存在性。因为对一般均衡存在性证明的贡献，阿罗获得了1972年的诺贝尔经济学奖，而德布鲁则于1983年获得诺贝尔经济学奖。

前述分析可以看出，从思想发展角度来看，一般均衡理论出现在前，博弈论出现在后；但从存在性的证明来看，一般均衡出现在后，而博弈论出现在前。需要指出的是，一般均衡还存在一个简化情形：局部均衡。也就是说，局部均衡只分析单一市场的均衡问题，比如资本市场的均衡问题，并不关心所有商品市场同时实现均衡的问题，这与估值方法理论中的无套利思想最为接近。此后，一般均衡理论和博弈论作为经济学的两大方法论基础，在经济学的各个分支领域，都得到了广泛运用。

将博弈论成功应用至具体问题分析的首推阿克洛夫（George A. Akerlof）。阿克洛夫于1970年研究了二手车市场，指出由于卖者知道车的质量信息，而买者并不知道质量信息，唯一能做的是压低价格。由于买卖双方的信息不对称，会导致质量好的自行车逐步退出市场，极端情形下会使得市场完全萎缩。质量差的自行车将质量好的自行车逐步驱逐出市场的现象，与劣币驱逐良币的格雷欣法则（Gresham's Law）极为类似，只是后一现象并不存在信息不对称。信息不对称的出现会导致市场萎缩，甚至完全萎缩，引起了广泛的研究关注。阿克洛夫也因这一贡献，获得了2001年的诺贝尔经济学奖。

阿克洛夫1970年运用博弈论研究经济问题的分析范式，无疑对詹森和麦克林1976年的研究给予了很大的启发，此后博弈论也广泛进入了估值领域。但因为对个体利益研究需要引入个体的偏好信息，博弈论对估值而言，更重于对现象的解释与理论层面的探讨。

## *EQUILIBRIUM POINTS IN N-PERSON GAMES*

BY JOHN F. NASH, JR.*

PRINCETON UNIVERSITY

Communicated by S. Lefschetz, November 16, 1949

One may define a concept of an $n$-person game in which each player has a finite set of pure strategies and in which a definite set of payments to the $n$ players corresponds to each $n$-tuple of pure strategies, one strategy being taken for each player. For mixed strategies, which are probability



distributions over the pure strategies, the pay-off functions are the expectations of the players, thus becoming polylinear forms in the probabilities with which the various players play their various pure strategies.

Any $n$-tuple of strategies, one for each player, may be regarded as a point in the product space obtained by multiplying the $n$ strategy spaces of the players. One such $n$-tuple counters another if the strategy of each player in the countering $n$-tuple yields the highest obtainable expectation for its player against the $n - 1$ strategies of the other players in the countered $n$-tuple. A self-countering $n$-tuple is called an equilibrium point.

The correspondence of each $n$-tuple with its set of countering $n$-tuples gives a one-to-many mapping of the product space into itself. From the definition of countering we see that the set of countering points of a point is convex. By using the continuity of the pay-off functions we see that the graph of the mapping is closed. The closedness is equivalent to saying: if $P_1, P_2, \ldots$ and $Q_1, Q_2, \ldots, Q_n, \ldots$ are sequences of points in the product space where $Q_n \rightarrow Q$, $P_n \rightarrow P$ and $Q_n$ counters $P_n$ then $Q$ counters $P$.

Since the graph is closed and since the image of each point under the mapping is convex, we infer from Kakutani's theorem[1] that the mapping has a fixed point (i.e., point contained in its image). Hence there is an equilibrium point.

In the two-person zero-sum case the "main theorem"[2] and the existence of an equilibrium point are equivalent. In this case any two equilibrium points lead to the same expectations for the players, but this need not occur in general.

* The author is indebted to Dr. David Gale for suggesting the use of Kakutani's theorem to simplify the proof and to the A. E. C. for financial support.

[1] Kakutani, S., *Duke Math. J.*, **8**, 457–459 (1941).

[2] Von Neumann, J., and Morgenstern, O., *The Theory of Games and Economic Behaviour*, Chap. 3, Princeton University Press, Princeton, 1947.

图 4.1 纳什 1950 年借助角谷静夫不动点定理证明纳什均衡的存在性

Since $p_h^* \geqq 0$ for all $h$ and $z_h^* \leqq 0$ for all $h$, $p^* \cdot z^* = \sum_h p_h^* z_h^*$ is a sum of non-positive terms. This sum can be zero if and only if $p_h^* z_h^* = 0$ for all $h$, i.e., either $z_h^* = 0$ or $z_h^* < 0$ and $p_h^* = 0$. Condition 4, therefore, sums up precisely the equilibrium conditions that are desired.[7]

1.4.2. In the preceding paragraph, it was implicitly assumed that for a commodity with a positive price the entire initial stock held by a consumption unit was available as a supply on the market along with amounts supplied by production and consumption units as a result of profit- and utility-maximization respectively (in this context, consumption by a consumption unit out of his own stocks counts both as supply on the market and as demand to the same numerical amount).

This becomes evident upon noting that each individual spends his entire *potential* income because of the absence of saturation (and since the model covers his entire economic life). More precisely, III.b. shows that there exists an $x_i'$ such that

$$u_i(x_i') > u_i(x_i^*),$$

where $x_i^*$ is the equilibrium value of $x_i$. Let $t$ be an arbitrarily small positive number; by III.c., $u_i[tx_i' + (1 - t)\, x_i^*] > u_i(x_i^*)$. That is, in every neighborhood of $x_i^*$, there is a point of $X_i$ preferred to $x_i^*$. From Condition 2,

$$p^* \cdot x_i^* \leqq p^* \cdot \zeta_i + \sum_j \alpha_{ij} p^* \cdot y_j^*.$$

Suppose the strict inequality held. Then we could choose a point of $X_i$ for which the inequality still held and which was preferred to $x_i^*$, a contradiction of Condition 2.

$$p^* \cdot x_i^* = p^* \cdot \zeta_i + \sum_j \alpha_{ij} p^* \cdot y_j^*. \tag{1}$$

To achieve his equilibrium consumption plan, $x_i^*$, individual $i$ must actually receive the total income given on the right-hand side. He cannot therefore withhold any initial holdings of commodity $h$ from the market if $p_h^* > 0$.

1.5.0. DEFINITION: *A set of vectors* $(x_1^*, \cdots, x_m^*, y_1^*, \cdots, y_n^*, p^*)$ *is said to be a competitive equilibrium if it satisfies Conditions* 1–4.

1.5.1. THEOREM I. *For any economic system satisfying Assumptions I–IV, there is a competitive equilibrium.*

## 2. A LEMMA ON ABSTRACT ECONOMIES

2.0. In this section, the concept of an *abstract economy*, a generalization of that of a *game*, will be introduced, and a definition of equilibrium given. A lemma giv-

[7] The view that some commodities might be free goods because supply always exceeded demand goes back to the origins of marginal utility theory; see Menger [13], pp. 98–100. The critical importance of rephrasing the equilibrium condition for prices in the form of Condition 4 for the problem of the existence of a solution to the Walrasian equilibrium equations was first perceived by Schlesinger [19].

图 4.2 阿罗和德布鲁 1954 年借助角谷静夫不动点定理证明一般均衡的存在性，定理 1

## 二、企业理论的发展

与詹森和麦克林模型相关的另一条主线是企业理论的发展。经济学中最基本的微观主体包括消费者和企业。消费者用消费者偏好描述，对偏好施加严格假设后，基于偏好关系就能生成效用函数，消费者的选择问题就转化成了效用最大化问题。企业用生产技术描述，对生产技术施加严格假设后，就能构建生产函数和利润函数，企业的生产决策问题就转化成了利润最大化问题。这就表明，在经典经济学中，企业是给定生产要素就能自动实现产出和利润的"黑箱子（black box）"。事实上，包括亚当・斯密在内的诸多经济学家，都意识到了将企业视为"黑箱子"的局限性。

最早尝试打开这一"黑箱子"的是科斯（Ronald H. Coase，1910—2013）。科斯1937年发表了《企业的性质》，文中尝试回答企业为什么存在。企业如同市场一样，也是资源配置的一种手段。企业之所以存在，根本原因在于市场机制，或者价格机制，在配置资源时存在成本，这种成本后来被称为交易成本（transaction costs）。对于相同的产品生产，如果使用企业来配置生产要素的成本更低，就应该使用企业这种组织，否则依旧借助市场机制。他指出，市场机制之所以存在交易成本，主要有两点原因：第一，发现相关要素的价格信息存在成本；第二，每个交易中的谈判和签订合同存在成本。

科斯认为，通过成立企业来进行资源配置，可以降低市场配置资源中的交易成本。企业和市场的差异在于，企业配置资源时，依赖于具有协调能力的企业家（entrepreneur-co-ordinator）

的指令，而市场配置资源依靠价格机制。但是，随着企业规模的上升，企业配置资源的成本也会上升。选择企业还是市场的边界在于：企业组织实施额外一笔交易的成本，等于在市场机制下完成这笔交易的成本，也等于由另一个企业来组织实施这笔交易的成本。

科斯认为，企业本质就是由企业家在配置资源时形成的各种关系所构成的系统。可以看出，科斯对企业的定义，也借助了经济学中的两个基本概念：替代（substitution）与边际（margin）。对资源配置而言，企业本质上是市场的替代手段。对企业与市场的边界而言，资源配置成本满足等边际法则。科斯后来指出，他的这篇论文虽然被广泛引用，但在当时并没有被深入讨论。

科斯另一篇重要论文是1960年发表的《社会成本问题》。他在文中指出，如果价格机制的运行毫无成本，最终会实现产值最大化的结果，而且该结果不受法律影响。这一观点后来被斯蒂格勒（George J. Stigler，1911—1991）在1966年第3版的《价格理论》（*The Theory of Price*）中命名为科斯定理，但他这样重新表述：在完全竞争的条件下，私人成本等于社会成本。斯蒂格勒曾尝试将信息不对称引入经济系统来重新构建或者修复一般均衡，虽然这种尝试最后失败，但对信息的分析，依旧为他赢得了1982年的诺贝尔经济学奖。

或许将科斯定理换一种表述更有助于理解：如果交易成本为零，只要产权界定清晰，效率与产权的初始配置无关。这可以视为另一个版本的无关性定理，核心是效率与产权配置无关，这与莫迪利安尼和米勒1958年给出的公司价值与资本结构的无关性定理有异曲同工之妙。科斯也因为将交易成本这一概念引入经济理论分析而获得了1991年的诺贝尔经济学奖。

科斯认为企业配置资源依靠企业家行政指令的观点受到诸多挑战。阿尔奇安（Armen A. Alchian）和德姆塞茨（Harold Demsetz）在1972年指出，企业并不拥有其使用的各种投入要素，企业的权威与纪律，与任何两个人在市场上的交易情形相比，无任何差别。在市场中，对方只要不遵守合同，己方就不再和对方做生意，或者诉诸于法庭，进行惩罚。企业家的做法也类似，可以罚款，可以起诉。进一步讲，企业家给工人指派行动的权力与消费者对小卖部店主指手画脚的权力并无不同。消费者去小卖部买东西时，只要价格能够被双方接受，前者想买什么，店主就得备相应的商品货物。企业家对工人的管理与分派工作，只是一个照顾面子的说法，本质上表示企业家已被卷入连续不断的合同谈判之中，谈判条件得由双方都接受才行。企业家让工人整理文档，正如消费者让小卖部店主拿罐头一样。即使双方签订长期合同，也不是科斯所定义的企业的本质。消费者可以天天去小卖部买商品，店主可以天天备相应的货，但店主不是消费者的雇员。

阿尔奇安和德姆塞茨指出，企业和市场的区别在于，投入企业中的资源被团队使用，而且合同会约定一些人处于企业这个组织的中心位置，赋予其决定资源配置使用的权力。因此，资源配置权或生产纪律，来自于团队合作生产中的集权合同代理人（centralized contractual agent in a team productive process），并非来自于高人一等的企业家。

# The Nature of the Firm

By R. H. Coase

Economic theory has suffered in the past from a failure to state clearly its assumptions. Economists in building up a theory have often omitted to examine the foundations on which it was erected. This examination is, however, essential not only to prevent the misunderstanding and needless controversy which arise from a lack of knowledge of the assumptions on which a theory is based, but also because of the extreme importance for economics of good judgment in choosing between rival sets of assumptions. For instance, it is suggested that the use of the word "firm" in economics may be different from the use of the term by the "plain man."[1] Since there is apparently a trend in economic theory towards starting analysis with the individual firm and not with the industry,[2] it is all the more necessary not only that a clear definition of the word "firm" should be given but that its difference from a firm in the "real world," if it exists, should be made clear. Mrs. Robinson has said that "the two questions to be asked of a set of assumptions in economics are: Are they tractable? and: Do they correspond with the real world?"[3] Though, as Mrs. Robinson points out, "more often one set will be manageable and the other realistic," yet there may well be branches of theory where assumptions may be both manageable and realistic. It is hoped to show in the following paper that a definition of a firm may be obtained which is not only realistic in that it corresponds to what is meant by a firm in the real world, but is tractable by two of the most powerful instruments of economic analysis developed by Marshall, the idea of the margin and that of substitution, together giving the idea of substitution at

[1] Joan Robinson, *Economics is a Serious Subject*, p. 12.
[2] See N. Kaldor, "The Equilibrium of the Firm," *Economic Journal*, March, 1934.
[3] Op. cit., p. 6.

386

图 4.3　科斯 1937 年发表的《企业的性质》

*The Journal of*

**LAW & ECONOMICS**

VOLUME III　　　　OCTOBER 1960

# THE PROBLEM OF SOCIAL COST

*R. H. COASE*
*University of Virginia*

## I. THE PROBLEM TO BE EXAMINED[1]

THIS paper is concerned with those actions of business firms which have harmful effects on others. The standard example is that of a factory the smoke from which has harmful effects on those occupying neighbouring properties. The economic analysis of such a situation has usually proceeded in terms of a divergence between the private and social product of the factory, in which economists have largely followed the treatment of Pigou in *The Economics of Welfare*. The conclusions to which this kind of analysis seems to have led most economists is that it would be desirable to make the owner of the factory liable for the damage caused to those injured by the smoke, or alternatively, to place a tax on the factory owner varying with the amount of smoke produced and equivalent in money terms to the damage it would cause, or finally, to exclude the factory from residential districts (and presumably from other

[1] This article, although concerned with a technical problem of economic analysis, arose out of the study of the Political Economy of Broadcasting which I am now conducting. The argument of the present article was implicit in a previous article dealing with the problem of allocating radio and television frequencies (The Federal Communications Commission, 2 J. Law & Econ. [1959]) but comments which I have received seemed to suggest that it would be desirable to deal with the question in a more explicit way and without reference to the original problem for the solution of which the analysis was developed.

1

图 4.4　科斯 1960 年发表的蕴含科斯定理的《社会成本问题》

## 三、公司的法律虚构属性

沿着阿尔奇安和德姆塞茨的分析，詹森和麦克林同样反对企业资源由权威配置的观点，强调合同是进行自主交易的媒介。因此，合同关系是公司或企业的本质。显然，所有的合同都存在代理成本和监督成本。

詹森和麦克林指出，公司本质上是一个法律虚构（legal fictions），是内部股东、外部股东、债权人等个体之间合同关系的联结，不同的个体拥有公司资产或现金流的可分的剩余索取权（divisible residual claims），同时个体转让这种权利一般不需要其他个体的许可。作为法律虚构的公司，与股东、债权人、工人、产品消费者等之间，存在多层次复杂的合同关系。

公司如果定义为不同个体之间一组合同关系的联结，那么就不应该再被视为仅有生产技术进行刻画的“理性个体”。显然，不同个体的利益目标也不相同，随着一组合同关系的履行，个体之间将形成类似市场均衡的一种均衡。这样，公司就可以理解为一种复杂的均衡过程，那么对每个参与个体的利益的分析，将至关重要。

前述分析可以看出，在詹森和麦克林的框架中，公司不再是具有生产技术和利润函数的理性个体，而是一种法律虚构，是一种类似市场形成均衡的过程，是一组复杂合同关系的联结。

## 四、代理成本的理论定义

在没有信息不对称的理想情形下，每个个体都是价格接受者，都追求各自的利益最大化，进而实现社会整体福利最大化，这是福利经济学第一定理的内容，也是一般均衡理论的核心结论。此时，经济系统帕累托（Vilfredo Pareto，1848—1923）有效，也就是说，经济系统中，不存在使某个个体利益改善而不伤害其他个体利益的可能性。这种帕累托有效又被称为帕累托最优（first best），此时经济系统中不存在福利或效率损失。

如果存在信息不对称，每个经济主体的行为会影响其他经济主体的收益，或者其收益受到其他经济主体行为的影响。也就是说，价格系统并不包括充分信息，经济主体也不全是价格接受者，分析框架就从一般均衡理论转变成了博弈论。每个经济个体依旧追求各自利益最大化，形成的均衡就是纳什均衡。由于个体利益目标容易与社会整体目标不一致，经济系统形成的新的均衡中，相比一般均衡而言，会存在一种福利或效率损失，而且这种损失并没有为任何经济个体所获得，是一种纯粹的浪费。信息不对称情形下形成的纳什均衡，又被称为次优（second best）。

这种损失被称为无谓损失（deadweight loss）或者福利净损失，理论上就可以用来度量代理成本。这就表明，代理成本从根本上讲，就是次优与帕累托最优相比之下的福利净损失，是改变价格信息充分或价格接受者假设的结果，是从一般均衡分析转向博弈论分析的结果，但同样也是每个经济个体追求各自利益最大化下形成的均衡。

在詹森和麦克林的框架下，公司是一组复杂合同关系的联结，内部股东与外部股东、内部股东与债权人之间都存在信息不对称，利益目标之间容易出现不一致，内部股东享有信息优势，在博弈论的分析框架下，信息不对称必然会带来一种效率损失，这就是代理成本，即外部股权融资和债务融资，将分别形成股权代理成本和债务代理成本。

## 第二节　詹森和麦克林估值模型

### 一、股权代理成本

詹森和麦克林首先放宽了纯股权公司股票的同质化假设，指出与内部股东相比，外部股东所持有的股票没有投票权（non-voting share），这就表明，内部股东存在着控制权收益或者非货币收益（non-pecuniary benefits），这种非货币收益型消费也可以简单理解为在职消费。这种非货币收益可以是额外津贴，也可以是办公室成员的任命、从朋友处购置昂贵的设备、慈善捐款等。

假设原有股东完全拥有公司，即股权比例为100%，现在打算为公司扩张或者新项目进行外部股权融资，融资后，原有股东就被称为内部股东。此时，外部股东没有投票权，没有控制权，但享有股票所带来的收益权或者索取权。外部股东将不得不委托内部股东管理公司，同时将本应有的决策权委托给内部股东，这种所有权与经营权的两权分离，将形成一种委托代理关系。很难保证内部股东与外部股东的利益目标一致，这种委托代理关系就会形成相应的代理成本。

第一种股权代理成本是剩余损失（residual loss），也就是前述理论定义下的代理成本，是一种无谓损失。

为理解这种剩余损失，首先需要将公司价值定义为公司理论价值与内部股东的非货币收益型消费之差。股权融资前，内部股东会根据自身的偏好，在公司价值与非货币收益型消费之间寻求一种平衡以满足自身的效用最大化，均衡结果满足等边际法则：每1元的额外投资所带来的边际价值，等于非货币收益型消费或在职消费的边际效用，同时等于增加1元所带来的税后购买力的边际效用。

股权融资后，假设内部股东的股权比例为 $a$，$0<a<1$。对公司资源的利用上，会将每1元的额外投资所带来的边际价值，等于 $a$ 元的税后购买力的边际效用而非原来的1元下的情形。这就表明，随着内部股东股权比例的降低，他对公司利润的索取权就会下降，会积极探索以非货币收益型消费或在职消费的方式去占用公司的资源，即内部股东的非货币收益型消费会相应上升。在公司理论价值既定的情形下，随着内部股东股权比例的降低，其相应的非货币收益型消费或在职消费上升，这会使得公司价值下降。

理性的外部股东显然会意识融资后，公司价值会随内部股东的非货币收益型消费或在职消费的上升而下降，因此对其所持有的 $(1-a)$ 比例的股权估值，不再以原来的公司价值为基础，而是以融资后新的公司价值为基础，即考虑到了内部股东的非货币收益型消费或在职消费的上升。对公司价值估值的下调，本质上是一种无谓损失，而且这种损失由内部股东所承担，这是代理成本的第一种类型。

第二种股权代理成本是外部股东的监督费用（monitoring expenditures）或监督成本。理性的外部股东不仅能够认识到其利益与内部股东容易出现不一致，而且能够认识到内部股东的非货币收益型消费或在职消费具有扩大的趋势。作为委托人的外部股东，可以对作为代理人的内部股东进行适度的激励，同时愿意花费一定的成本来监督内部股东可能滥用职权的行为。外部股东的这种时间或货币的花费，就是监督成本，由外部股东所承担。外部股东之所以愿意花费这笔开支，因为对内部股东的约束，本质上是抑制内部股东对自身可能的利益侵占所形成的损失。

第三种股权代理成本是内部股东的约束支出（bonding expenditures）。理性的内部股东同样会认识到，外部股东意识到其利益可能会被侵占。有时，为确保内部股东不采取可能伤害外部股东利益的行为，内部股东会愿意支付一笔类似于保证金的费用，保证外部股东利益在受到伤害时能够得到补偿。

需要进一步指出的是，随着内部股东内部股权比例的降低，其对公司利润的索取权也相应降低，这将使得内部股东对可能增加公司价值的创造性活动下降，使得内部股东的创新与开拓精神下降，这也可能导致公司价值的进一步下降。显然，这是一种更难度量的股权代理成本。

## 二、债务代理成本

詹森和麦克林指出，债务同样存在代理成本。他们同样认可，债务不仅会带来税盾效应，而且会形成破产成本。但是他们将破产成本归为债务代理成本的一种，这点值得商榷，因为破产成本本质上并不是由信息不对称所引起的，而在理论上，代理成本本质上是信息不对称导致的一种效率损失。

第一种债务代理成本是激励效应（incentive effects）。

从前述分析可知，债务与股权相比：从对息税前利润的分配顺序看，归属债权人的利息首先分配，扣税后的净利润最后分配给股东；从对息税前利润的分配额度看，利息是固定额度的索取权，而净利润是浮动额度的索取权，又被称为剩余索取权；从破产清偿角度看，债权人的分配顺序正如对息税前利润的分配顺序一样，居于优先地位。

正是因为债务是固定额度索取权而股权是剩余索取权，债务融资下，股东会倾向于投资高风险的项目，这在公司财务杠杆很高的情形下更容易发生。理由很明显，如果新项目投资成功，股东将获得很高的利润分配，债权人的收益恒定；如果新项目投资失败，损失基本将由债权人承担。

考虑两个互斥项目，即股东只能在以下两个项目中选择一个：第一个项目，期望净现值更高，风险或方差更低；第二个项目，期望净现值略低，风险或方差更高，更可能产生较高的回报，但失败的可能性也较大。此时，股东从自身的利益最大化出发，依旧会选择期望净现值略低、风险更高的项目，因为第二个项目可能会产生很高的收益，尽管这种可能性很小，但是符合股东的利益最大化，这就是激励效应所产生的债务代理成本。

这种债务代理成本，从本质上讲，是将公司或项目的风险从股东转嫁给债权人，将收益从债权人转嫁给股东，是一种风险与收益的转嫁过程。股东的投资决策，并不一定满足公司价值最大化，仅仅满足股东价值最大化或者内部股东价值最大化，前提是以损害债权人的利益为代价。股东可能选择的并非公司价值最大化的项目，这将会形成一种效率损失，因此可以视为一种代理成本。

显然，理性的债权人会意识到激励效应的存在，会意识到风险与收益转嫁过程的存在，会意识到其自身利益很有可能被股东所侵占。因此，理性的债权人会将这种代理成本转嫁给股东，比如要求更高的利率或者签订更多的补偿协议。激励效应所带来的代理成本将由股东承担。

第二种债务代理成本是债权人的监督成本。理性的债权人会采取种种措施来避免其可能由股东造成的利益损失，即尽可能避免由激励效应所带来的损害。债权人可能会和股东签署对股利发放、资金使用、项目风险评估等股东决策方面的合同或协议。与这类合同或协议相关的成本就是债权人所承担的监督成本，而且债权人也会尝试以某种方式将这种成本转嫁给股东。

股东也会将债务代理成本考虑进公司的经营决策。更高的债务融资成本或者监督成本，会进一步损害公司的息税前利润或者现金流，进而引起公司价值的下降，这也是一种更加难以度量的债务代理成本。

## 三、詹森和麦克林估值模型

无论外部股权融资，还是债务融资，都会带来相应的代理成本，而且大部分成本由内部股东所承受。内部股东之所以决定进行融资，根本原因还是在于新项目可能会给其自身带来更高的价值，而其自有资本难以覆盖新项目所需要的初始投资额度。因此内部股东需要在项目收益和包括破产成本和代理成本在内的各类成本进行权衡。

如果公司未来的现金流价值恒定，那么公司价值最大化就可以转化为代理成本最小化。进一步假设融资额度固定，无论外部股权融资还是债务融资，都会形成相应的代理成本。随着财务杠杆的增加，股权代理成本逐步下降，而债务代理成本逐步上升，代理成本定义为股权代理成本和债务代理成本之和。因此，理论上，随着财务杠杆的上升，代理成本会呈现一种先下降后上升的“U型”曲线。这就表明，在理论上将存在一个最优的财务杠杆或者资本结构，使得代理成本最低，或者公司价值最大。这就是詹森和麦克林的简化分析。

## 四、对詹森和麦克林估值模型的评价

从以下几个方面来进一步解释詹森和麦克林估值模型：

第一，代理成本的存在，将使公司价值进一步下降。

不妨延续前述分析思路，这样来看詹森和麦克林的估值模型。将公司价值定义为内部股权价值 $S_I$、外部股权价值 $S_O$ 和债务价值 $B$ 之和：

$$V_L \equiv S_I + S_O + B = V_U + TS - BC - AC$$

其中，$TS$、$BC$ 和 $AC$ 分别表示税盾效应、破产成本和代理成本。假设破产成本和代理成本分别占公司价值的比例为 $\alpha$ 和 $\beta$，且 $\alpha+\beta<1$。上式可以表示为：

$S_i$ : inside equity (held by the manager),
$S_o$ : outside equity (held by anyone outside of the firm),
$B$ : debt (held by anyone outside of the firm).

The total market value of the equity is $S = S_i + S_o$, and the total market value of the firm is $V = S + B$. In addition, we also wish to have a theory which determines the optimal size of the firm, i.e., its level of investment.

*5.1. Determination of the optimal ratio of outside equity to debt*

Consider first the determination of the optimal ratio of outside equity to debt, $S_o/B$. To do this let us hold the size of the firm constant. $V$, the actual value of the firm for a given size, will depend on the agency costs incurred, hence we use as our index of size $V^*$, the value of the firm at a given scale when agency costs are zero. For the moment we also hold the amount of outside financing $(B+S_o)$, constant. Given that a specified amount of financing $(B+S_o)$ is to be obtained externally our problem is to determine the optimal fraction $E^* \equiv S_o^*/(B+S_o)$ to be financed with equity.

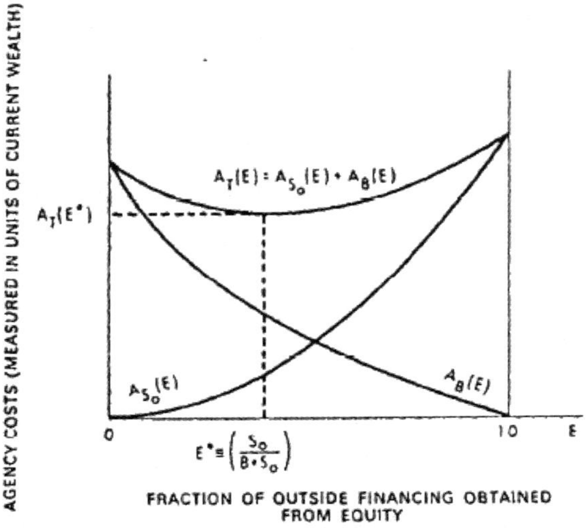


Fig. 5. Total agency costs, $A_T(E)$, as a function of the ratio of outside equity, to total outside financing, $E \equiv S_o/(B+S_o)$, for a given firm size $V^*$ and given total amounts of outside financing $(B+S_o)$. $A_{S_o}(E) \equiv$ agency costs associated with outside equity, $A_B(E) \equiv$ agency costs associated with debt, $B$. $A_T(E^*) \equiv$ minimum total agency costs at optimal fraction of outside financing $E^*$.

图 4.5　詹森和麦克林 1976 年对代理成本与公司价值关系的分析

$$V_L = V_U + TS - \alpha V_L - \beta V_L$$

整理可得公司价值为：

$$V_L = \frac{1}{1+\alpha+\beta}(V_U + TS)$$

显然，$(V_U + TS)$ 是 *MMI* 估值法的结果。如果破产成本存在，将使公司价值在 *MMI* 估值的基础上等比例下降，而进一步引入代理成本，将使公司价值进一步等比例下降。

第二，随着财务杠杆的上升，公司价值依旧能够呈现先上升后下降的“U型”曲线。相应地，公司加权平均资本成本会呈现出先下降后上升的“倒U型”曲线。理论上能够存在最优的资本结构或者财务杠杆，使得公司价值最大或者加权平均资本成本最低。这就表明，詹森和麦克林估值模型依旧属于权衡理论的一种拓展分析。

第三，事实上，资本结构或者财务杠杆的存在，会影响到公司的息税前利润或者现金流结构，并不需要假设公司的息税前利润恒定。在詹森和麦克林的估值模型中，只有公司或项目的未来息税前利润这种现金流恒定，公司价值最大化才可能转化为代理成本最小化，而且这种代理成本在广义上定义，包括税盾效应和破产成本。

第四，公司价值最大化对应的最优资本结构或者财务结构，并不必然与内部股权价值最大化下的最优资本结构相同。内部股权价值最大化，并不必然等价于公司价值最大化，因为内部股东，并不必然与外部股东、债权人的利益一致，不一致更符合实际情形。

第五，詹森和麦克林模型中，无论股权还是债务，都会形成代理成本，这就能够解释莫迪利安尼和米勒模型与斯科特模型蕴含的对立关系。莫迪利安尼和米勒模型中，若只有税收，无破产成本，纯债务融资下公司价值最大。斯科特模型中，若只有破产成本，无税收，纯股权融资下公司价值最大。詹森和麦克林模型中，股权和债务都存在代理成本，要尽可能降低总代理成本，需要在两种代理成本之间进行权衡，因此可能同时进行外部股权融资和债务融资，这是詹森和麦克林模型的重要优势之一。

第六，代理成本涉及到对内部股东、外部股东和债权人的利益目标度量，尤其需要引入内部股东的偏好假设，因为这种偏好直接决定了公司价值和非货币收益型消费对公司理论价值的分配比例。因此，代理成本从某种程度上讲，比破产成本更抽象，更难以度量。

第七，詹森和麦克林模型更重要的意义在于，在项目估值或投资决策中，必须考虑公司的内部股东或者经营团队，不能简单地将公司简化为只产生一定现金流的经济个体，因为现金流本质上是内部股东或者经营团队所创造的，公司估值中，应该考虑不同经济个体利益目标的差异所形成的代理成本。

第八，詹森和麦克林模型本质上，将估值方法论从对公司“物”的层面回归到“人”的层面，这源自于其将公司从虚拟的理性经济个体的古典经济学定义，转换为定义在一组不同个体之间的合同关系上。这也使得，公司估值模型，从客观层面逐步回归到主观层面，虽然对金融现象的解释力更强，但从估值方法论角度看，可操作性变得更弱。追求公司价值最大或者加权资本成本最低的融资决策，更像是一种理论层面的探讨。

第九，詹森和麦克林模型中，放宽同质化假设，给定外部股东无投票权，内部股东会存在一种控制权收益，他们称之为非货币收益型消费，可以简化理解为在职消费。显然，这种在职消费难以观察，难以度量，事实上已经蕴含了不完全合同的分析思想，这是后续估值方法论将要分析的主题。

## 第三节　詹森与折现自由现金流模型

### 一、詹森对自由现金流的定义

延续詹森和麦克林1976年的分析，詹森继续探讨股权与债务的代理成本，并在1986年的《自由现金流的代理成本、公司融资与收购》一文中提出了自由现金流（free cash flow，FCF）概念。詹森定义的自由现金流是指，公司在满足所有以加权平均资本成本进行折现后净现值为正的项目的投资需求后，剩余的那部分现金流。

当公司存在大量的自由现金流时，有公司控制权的少数内部股东或者经理层，出于自身利益的考虑，会倾向于将自由现金流用于增加在职消费，或者投资于回报率相对较低的项目以达到增加所控制资源的能力，例如进行错误收购（bad acquisitions）。因此，由于内部股东或者经理层的利益动机，公司规模将扩张至超出最优规模的临界点，损害外部股东的利益。

简言之，降低股权代理成本的核心就是，外部股东应当努力促使少数内部股东或经理层降低对自由现金流的侵占，避免后者将现金流用于投资低回报的项目，或者在公司的低效率运行中浪费掉。理想的方式是，公司将自由现金流以股利的形式发放给所有股东，或者通过股权回购降低自由现金流规模，但是或许少数内部股东或经理层并不愿意降低其控制自由现金流及相应资源的规模，公司也没有支付股利或者进行股权回购的法定义务。

詹森指出，债务不仅有激励效应下的代理成本以及可能引致的破产成本，同时也会带来改善公司运行效率、降低股权代理成本的收益，这被称为“自由现金流假说”（free cash flow hypothesis）。公司发行公司债券或者向银行借债后，对债权人的利息支付，不同于股利，具有法定清偿的义务，这就能够缓解少数内部股东或者经理层对自由现金流的控制与浪费问题。用债务替代股利后，少数内部股东或者经理层将承受付息的压力，若不按时付息，公司将会陷入财务困境与破产风险之中，这将降低内部股东或者经理层对自由现金流的控制，即降低自由现金流的代理成本。

可以看出，自由现金流假说的核心是，鉴于公司的利息支付具有清偿属性，而股利支付或者回购并非义务，用债务替代股权，虽然会提高债务代理成本，但会降低自由现金流的代理成本，因此适度增加债务，会提高公司价值。从理论上讲，使公司价值最大的资本结构或者财务杠杆，应当满足债务的边际收益与边际成本相等。

詹森同时指出，自由现金流假说并非适用于所有公司，显然更适用于自由现金流较多但好的投资机会不多的公司，并不适用于具有很多高投资回报项目的快速成长型公司。

# Agency Costs of Free Cash Flow, Corporate Finance, and Takeovers

*By* Michael C. Jensen*

Corporate managers are the agents of shareholders, a relationship fraught with conflicting interests. Agency theory, the analysis of such conflicts, is now a major part of the economics literature. The payout of cash to shareholders creates major conflicts that have received little attention.[1] Payouts to shareholders reduce the resources under managers' control, thereby reducing managers' power, and making it more likely they will incur the monitoring of the capital markets which occurs when the firm must obtain new capital (see M. Rozeff, 1982; F. H. Easterbrook, 1984). Financing projects internally avoids this monitoring and the possibility the funds will be unavailable or available only at high explicit prices.

Managers have incentives to cause their firms to grow beyond the optimal size. Growth increases managers' power by increasing the resources under their control. It is also associated with increases in managers' compensation, because changes in compensation are positively related to the growth in sales (see Kevin Murphy, 1985). The tendency of firms to reward middle managers through promotion rather than year-to-year bonuses also creates a strong organizational bias toward growth to supply the new positions that such promotion-based reward systems require (see George Baker, 1986).

Competition in the product and factor markets tends to drive prices towards minimum average cost in an activity. Managers must therefore motivate their organizations to increase efficiency to enhance the probability of survival. However, product and factor market disciplinary forces are often weaker in new activities and activities that involve substantial economic rents or quasi rents.[2] In these cases, monitoring by the firm's internal control system and the market for corporate control are more important. Activities generating substantial economic rents or quasi rents are the types of activities that generate substantial amounts of free cash flow.

Free cash flow is cash flow in excess of that required to fund all projects that have positive net present values when discounted at the relevant cost of capital. Conflicts of interest between shareholders and managers over payout policies are especially severe when the organization generates substantial free cash flow. The problem is how to motivate managers to disgorge the cash rather than investing it at below the cost of capital or wasting it on organization inefficiencies.

The theory developed here explains 1) the benefits of debt in reducing agency costs of free cash flows, 2) how debt can substitute

*LaClare Professor of Finance and Business Administration and Director of the Managerial Economics Research Center, University of Rochester Graduate School of Management, Rochester, NY 14627, and Professor of Business Administration, Harvard Business School. This research is supported by the Division of Research, Harvard Business School, and the Managerial Economics Research Center, University of Rochester. I have benefited from discussions with George Baker, Gordon Donaldson, Allen Jacobs, Jay Light, Clifford Smith, Wolf Weinhold, and especially Armen Alchian and Richard Ruback.

[1] Gordon Donaldson (1984) in his study of 12 large *Fortune* 500 firms concludes that managers of these firms were not driven by maximization of the value of the firm, but rather by the maximization of "corporate wealth," defined as "*the aggregate purchasing power available to management for strategic purposes during any given planning period*" (p. 3). "In practical terms it is cash, credit, and other corporate purchasing power by which management commands goods and services" (p. 22).

[2] Rents are returns in excess of the opportunity cost of the resources to the activity. Quasi rents are returns in excess of the short-run opportunity cost of the resources to the activity.



图 4.6　詹森 1986 年给出的自由现金流定义，右列倒数第 2 段

## 二、折现自由现金流模型

自由现金流概念的引入，本质上是对股权和债务的代理成本的拓展分析，债务不仅具有税盾效应，还能降低自由现金流的代理成本，这本身是对代理成本理论上的探讨。令人惊奇的是，自由现金流这一理论概念逐步往实务上渗透，并与 *MMI* 估值法和 *WACC* 估值法结合起来，最终形成公司估值实践中最广为使用的折现自由现金流模型（discounted free cash flow，DFCF）。以 *WACC* 估值法为例，“鹦鹉估值三部曲”简化为：

第一步：估算公司或项目未来的自由现金流 *FCF*。

第二步：估算公司或项目加权平均资本成本 *WACC*。

第三步：用 *WACC* 对 *FCF* 折现，估算公司价值或项目价值。

1990年，科普兰（Tom Copeland）、科勒（Tim Koller）和默林（Jack Murrin）基于在麦肯锡咨询公司的多年公司估值实践，在《价值评估：公司价值的衡量与管理》（*Valuation: Measuring and Managing the Value of Companies*）一书中，尝试将自由现金流从理论定义转为操作性定义。

科普兰等将自由现金流定义为公司经营产生的总现金流与公司的再投资之差，是公司的真实经营现金流量（true operating cash flow），是可以直接用于分配给股东和债权人的现金流。

给定自由现金流的操作性定义后，科普兰等尝试给出了自由现金流的度量：

$$FCF \approx EBIT \cdot (1-t) + D + A - ANWC - Capex$$

# 5

# Forecasting Free Cash Flow

Free cash flow is a company's true operating cash flow. It is the total after-tax cash flow generated by the company that is available to all providers of the company's capital, both creditors and shareholders. It can be thought of as the after-tax cash flow that would be available to the company's shareholders if the company had no debt. Free cash flow is generally not affected by the company's financial structure,* even though the financial structure may affect the company's weighted average cost of capital and therefore its value.

It is essential to define free cash flow properly to ensure consistency between the cash flow and the discount rate used to value the company. A company's free cash flow is calculated by subtracting the amount the company invests in new capital from the gross cash flow available from operations (operating earnings plus noncash charges). On the following pages, Exhibit 5.1 demonstrates the typical free cash flow calculation derived from a hypothetical company's income statement (Exhibit 5.2) and balance sheet (Exhibit 5.3).

*Financing decisions of a company with unused tax loss carry-forwards or an alternative minimum tax liability may affect its free cash flow. Also, business disruptions may be associated with debt levels that are too high.

109

图 4.7　科普兰等 1990 年给出的自由现金流的操作性定义

即自由现金流等于将息税前利润 *EBIT* 按企业所得税税率 $t$ 缴纳企业所得税之后，加上折旧 *D* 和摊销 *A*（amortization），减去净营运资本增加 *ANWC*（additions to net working capital），再减去资本性支出 *Capex*（capital expenditures）。这里忽略了在商誉（goodwill）和其他资产上的新增投资等因素，在应用中可依据实际情形进行调整。

可以从以下几点来理解自由现金流 *FCF*。

第一，公司的毛利润或者折旧摊销与息税前利润 *EBITDA*（earnings before interest，tax，depreciation and amortization），是公司的营业收入减去营业成本及销售费用、管理费用、研发费用等费用。在此基础上，用 *EBITDA* 再减去折旧 *D* 和摊销 *A*，就能得到公司的息税前利润 *EBIT*，该指标度量的公司的实际现金流入的能力。但是，折旧 *D* 和摊销 *A* 是一种会计上的提取方式，是可以用于分配的现金流，因此 *FCF* 中，应该加入折旧 *D* 和摊销 *A*。

第二，净营运资本（net working capital）从字面上看，就是“正在工作的资本”，它用于在生产和销售商品前购置原材料、对存货进行投资等，也可用于非预期的支出，可以简单定义为流动资产与流动负债之差，在公司或项目运营期间会有所变动。当公司或项目结束时，应减至0。因此，*FCF* 中应该减去净营运资本增加 *ANWC*。

第三，资本性支出 *Capex* 主要是公司生产商品前需要购置的固定资产和无形资产等的支出。固定资产包括生产设备、厂房等，无形资产包括专利权、商标权等。正是由于存在固定资产和无形资产等资本性支出，才需要从会计上对这种支出，以折旧和摊销的形式加以提取。也就是说，资本性支出 *Capex* 对应着折旧 $D$ 和摊销 $A$ 。

最后需要注意两点。第一，科普兰等假设自由现金流与资本结构无关，即自由现金流不受财务杠杆的影响，这与自由现金流出现的本意在某种程度上背道而驰，因为自由现金流影响代理成本，进而影响到息税前利润。这就表明，折现自由现金流模型 *DFCF* 本质上是第二代估值模型的拓展，是对 *MMI* 估值法和 *WACC* 估值法中现金流的进一步完善，使得第二代估值模型更加符合实践情形。

第二，科普兰等对自由现金流的度量，是一种无杠杆现金流，不受债务规模变化的影响。它也可以从净利润出发，结合利息加以调整，但不如从息税前利润 *EBIT* 出发便捷。

在 *MMI* 估值法和 *WACC* 估值法中用自由现金流 *FCF* 加以完善，并将 *FCF* 简化为永续现金流，公司价值 $V_L$ 可以相应简化为：

$$V_L = V_U + TS = \frac{FCF}{WACC} = \frac{EBIT \cdot (1-t) + D + A - ANWC - Capex}{WACC}$$

## 三、折现股权自由现金流模型

投融资决策中，估算公司价值的行为，更重要的是为了估算股权价值，从而能够估算出投资所占的股权比例。估算价值有两种基本思路：第一种思路是用公司价值减去债务价值，例如在“鹦鹉估值三部曲”的最后，再增加一步用于计算股权价值；第二种思路是对分配给股东的现金流，即对股权现金流，用股权资本成本进行折现，直接计算出股权价值，即 *FTE* 估值法思路。

**Exhibit 5.1 XYZ COMPANY, FREE CASH FLOW CALCULATION**

| Free Cash Flow | 1986 | 1987 |
|---|---|---|
| Earnings before interest and taxes (EBIT) | $1,450 | $1,500 |
| – Taxes on EBIT | (701) | (600) |
| + Change in deferred taxes | 20 | 100 |
| = Net operating profit less adjusted taxes (NOPLAT) | 769 | $1,000 |
| + Depreciation | 387 | 400 |
| = Gross cash flow | $1,156 | $1,400 |
| Increase in working capital | 123 | 150 |
| + Capital expenditures | 587 | 600 |
| + Investment in goodwill | 0 | 0 |
| + Increase in net other assets | 30 | 50 |
| = Gross investment | $ 740 | $ 800 |
| Gross cash flow | $1,156 | $1,400 |
| – Gross investment | (740) | (800) |
| = **Free cash flow from operations** | **$ 416** | **$ 600** |
| + Nonoperating cash flow | 0 | 0 |
| = **Total cash flow before financing** | **$ 416** | **$ 600** |

| Financial Flow | 1986 | 1987 |
|---|---|---|
| Change in excess marketable securities | 12 | (20) |
| – After-tax interest income* | (8) | (10) |
| + Decrease in debt | (70) | 30 |
| + After-tax interest expense* | 221 | 250 |
| + Dividends | 161 | 200 |
| + Share repurchase | 100 | 150 |
| = **Total financial flow** | **$ 416** | **$ 600** |

*Marginal tax rates of 49 percent in 1986 and 42 percent in 1987 were used to calculate after-tax interest income and expense.

图 4.8 科普兰等 1990 年给出的对自由现金流的度量

在自由现金流 $FCF$ 的基础上，理论上可以进一步估算出股权自由现金流（free cash flow to equity，FCFE），即在 $FCF$ 基础上，减去分配给债权人后的现金流。股权自由现金流 $FCFE$ 可以度量为：

$$\begin{aligned} FCFE &\approx FCF - I\cdot(1-t) + NB \\ &\approx NI + D + A - ANWC - Capex + NB \end{aligned}$$

其中，$I$ 表示分配给债权人的利息，$I\cdot(1-t)$ 表示税后利息支付（after-tax interest expense），$NB$ 表示净借入（net borrowing），即每期的债务增加额度。可以看出，$FCFE$ 有两种基本度量方式：

第一种方式是，从自由现金流 $FCF$ 出发，减去税后利息支付，再加上净借入 $NB$。

第二种方式是，从净利润 $NI$ 出发，加上折旧 $D$ 和摊销 $A$，再减去净营运资本增加 $ANWC$ 和资本性支出 $Capex$，最后加上净借入 $NB$，这里其实运用了等式关系。

$$EBIT\cdot(1-t) = (EBIT - I)\cdot(1-t) + I\cdot(1-t) = NI + I\cdot(1-t)$$

在股权自由现金流 $FCFE$ 的基础上，用股权资本成本 $R_S$ 进行折现，就可以估算出股权价值，即折现股权自由现金流模型（discounted free cash flow to equity，DFCFE）。一定条件下，股权价值可以简化为：

$$S = \frac{FCFE}{R_S} = \frac{FCF - I\cdot(1-t) + NB}{R_S}$$

但是，折现股权自由现金流模型 $DFCFE$ 在实际应用中，存在以下两个基本问题。

第一，股权自由现金流 *FCFE* 受债务的影响，在实践中的调整相对复杂，随债务变化而变化，即 *FCFE* 是杠杆现金流而非无杠杆现金流。折现自由现金流模型 *DFCF* 不受这种影响，因为自由现金流 *FCF* 一般假设为与资本结构无关，是一种无杠杆现金流。

第二，股权资本成本 $R_S$ 这一折现率同样受到资本结构或者财务杠杆的影响，随财务杠杆上升而上升，这由 *MM* 第二定理可以直观看出。

可以看出，分子上的现金流与分母上的折现率，同时随财务杠杆的变化而变化，折现股权自由现金流模型 *DFCFE* 相对折现自由现金流 *DFCF* 模型而言，可操作性相对较弱。对股权价值的估算，依旧以前述的第一种思路为主，即首先估算公司价值，再减去债务价值以得出股权价值。

## 第四节　第四代估值模型小结

从莫迪利安尼和米勒的 *MMI* 估值法和 *WACC* 估值法出发，斯科特模型引入了破产成本，形成了第三代估值模型。

差不多同时期，詹森和麦克林从公司的定义出发，将公司定义为一种法律虚构，是内部股东、外部股东和债权人之间复杂合同关系的联结。由于参与主体的利益不同，内部股东有信息优势，在信息不对称下，股权和债务都将带来相应的代理成本，从而发展出包含代理成本的詹森和麦克林估值模型，形成了第四代估值模型。此时，公司价值等于无杠杆公司价值，加上税盾效应，减去破产成本和代理成本。

詹森和麦克林估值模型是权衡理论的拓展，公司价值与财务杠杆依旧呈现“U型”曲线，即在理论上存在使公司价值最大的资本结构，此时公司加权平均资本成本也最低。而且，詹森和麦克林估值模型能够调和 *MMI* 估值模型与斯科特模型蕴含的对立观点，从降低代理成本的角度出发，同时使用股权与债务的融资决策，更符合实践。

与前三代估值模型相比，詹森和麦克林估值模型将估值方法论从对公司“物”的层面回归到“人”的层面，方法论基础也从一般均衡理论或者局部均衡理论转向了博弈论，这是詹森和麦克林估值模型在解释金融现象的优越性所在，缺点则是代理成本更加难以度量，使得该模型的可操作性进一步减弱。

与第三代估值模型的斯科特模型相比，詹森和麦克林估值模型同样认为资本结构会影响到息税前利润，而且还进一步放宽了同质化假设：即使在纯股权融资的情形下，内部股东与外部股东的股票不是同质化商品，内部股东具有控制权收益，这也是后续分析的重点。

詹森在探讨代理成本的基础上进一步提出了自由现金流概念，本意是想表明债务除税盾效应外，还能够降低自由现金流的代理成本。但这一概念在实践中反而与第二代估值模型结合在一起，发展出自由现金流的操作性定义，形成在实践中广为使用的折现自由现金流模型，使得 *MMI* 估值法和 *WACC* 估值法的实践性进一步增强。

# 第五章
# 格罗斯曼和哈特（1986）：含控制权收益的估值模型

从科斯1937年尝试打开企业的“黑箱子”起，对于企业定义的发展进一步促进了公司估值方法论的发展。虽然对投融资决策的解释力逐步增强，但估值模型的可操作性却进一步降低。

科斯指出，市场以价格机制配置资源存在交易成本，企业作为替代市场的一种资源配置手段，以行政指令来配置资源，可以降低交易成本，企业因市场存在交易成本而存在。交易成本的这种描述性定义，使其本身一直难以被量化度量。科斯也经常抱怨这一分析框架经常被引用，但很少被应用。科斯1960年提出的资源配置效率与产权配置的无关性定理，激发了对产权或所有权的研究，不妨称之为第一代产权理论，其角色正如公司金融或估值方法论中的公司价值与资本结构的无关性定理。

科斯在1991年获得诺贝尔经济学奖的致辞中，感谢了三个人：威廉姆森（Oliver E. Williamson）、德姆塞茨和张五常。科斯强调，如果没有这三人及其他人对交易成本的持续研究，其理论的重要性或许很难获得承认。德姆塞茨的贡献如前所述，尝试将企业定义在合同关系上，强调产权基于交易成本，而交易成本又基于在市场中获得信息的成本。德姆塞茨的合作作者阿尔奇安正是张五常的老师。对于张五常的贡献，科斯在获奖致辞中指出，正是由于和张五常在1960年年初的讨论，他才意识到《社会成本问题》中的论点对经济理论的重要意义，并意识到哪些问题需要进一步探讨。

威廉姆森认为，科斯对企业和交易成本的定义，很难纳入标准的经济理论分析框架中，根源在于其并非操作性定义。威廉姆森另辟蹊径，避开企业和交易成本的哲学式讨论，转而探究企业的上下游一体化或者纵向一体化（vertical integration）问题，这体现在他1971年的研究中，该文也是他在诺贝尔经济学奖获奖致辞中首先强调的能够代表其理论贡献的研究。威廉姆森核心思想主要体现在他的"交易成本经济学（transaction cost economics）三部曲"之中：1975年出版的《市场与层级制：分析与反托拉斯含义》（*Markets and Hierarchies: Analysis and Antitrust Implications*），1985年出版的《资本主义经济制度》（*The Economic Institutions of Capitalism*），1996年出版的《治理机制》（*The Mechanisms of Governance*）。威廉姆森基于人的有限理性（bounded rationality）和投机主义（opportunism）这两个假设，以交易为分析单位，以资产专用性（asset specificity）为主要维度，发展出了第二代产权理论。威廉姆森也因此获得了2009年的诺贝尔经济学奖。

沿着科斯开创的框架，威廉姆森侧重分析交易，德姆塞茨侧重分析合同，这两种范式在后续发展中逐步融合起来。威廉姆森假设人的有限理性，必然意味着不完全合同（incomplete contracts），从而与完全合同（complete contracts）有别。代理理论或者委托代理理论，逐步与完全合同融合在一起，在一定意义上与机制设计（mechanism design）、信息经济学成了同义词。产权理论、交易

# The Vertical Integration of Production: Market Failure Considerations*

*By* Oliver E. Williamson
*University of Pennsylvania*

The study of vertical integration has presented difficulties at both theoretical and policy levels of analysis. That vertical integration has never enjoyed a secure place in value theory is attributable to the fact that, under conventional assumptions, it is an anomaly: if the costs of operating competitive markets are zero, "as is usually assumed in our theoretical analysis" (Arrow, 1969, p. 48), why integrate?

Policy interest in vertical integration has been concerned mainly with the possibility that integration can be used strategically to achieve anticompetitive effects. In the absence of a more substantial theoretical foundation, vertical integration, as a public policy matter, is typically regarded as having dubious if not outright antisocial properties. Technological interdependencies or, possibly, observational economies, constitute the principal exceptions.

The technological interdependency argument is both the most familiar and the most straight-forward: successive processes which, naturally, follow immediately in time and place dictate certain efficient manufacturing configurations; these, in turn, are believed to have common ownership implications. Such technical complementarity is probably more important in flow process operations (chemicals, metals, etc.) than in separable component manufacture. The standard example is the integration of iron and steel-making, where thermal economies are said to be available through integration. It is commonly held that where "integration does not have this physical or technical aspect —as it does not, for example, in integrating the production of assorted components with the assembly of those components— the case for cost savings from integration is generally much less clear" (Bain, 1968, p. 381).

There is, nevertheless, a distinct unease over the argument. This is attributable, probably, to a suspicion that the firm is more than a simple efficiency instrument, in the usual scale economies and least-cost factor proportions senses of the term, but also possesses coordinating potential that sometimes transcends that of the market. It is the burden of the present argument that this suspicion is warranted. In more numerous respects than are commonly appreciated, the substitution of internal organization for market exchange is attractive less on account of technological economies associated with production but because of what may be referred to broadly as "transactional failures" in the operation of markets for intermediate goods. This substitution of internal organization for market exchange will be referred to as "internalization."

The two principal prior contributions on which the argument relies are Coase's seminal discussion on "The Nature of The Firm" (1937) and Arrow's more recent review of market versus nonmarket allo-

* Research on this paper has been supported by a grant from the Brookings Institution. It is part of the larger study referred to in footnote 1. Helpful comments from Noel Edelson, Stefano Fenoaltea, Julius Margolis, and Almarin Phillips are gratefully acknowledged.

112

图 5.1　威廉姆森 1971 年对交易成本和纵向一体化的研究

成本经济学或者新制度经济学，则与不完全合同融合在一起。

威廉姆森以资产专用性来研究公司的纵向一体化，方法论涉及到经济学、法学与组织行为学的交叉，虽然使得交易成本有了一定的应用性，但依旧没有克服交易成本难以度量的问题，而且对企业的定义更接近于科斯的定义而非德姆塞茨的定义。

在科斯、威廉姆森、德姆塞茨、詹森、麦克林等人的研究基础上，格罗斯曼（Sanford J. Grossman）和哈特（Oliver D. Hart）在1986年对企业的定义做出了实质性突破：企业由其所拥有的机器、存货等资产组成，企业的所有权定义在资产的剩余控制权（residual rights of control）上。由于合同的不完全性，格罗斯曼和哈特将合同权利分为两类：约定权利（specific rights）和剩余权利（residual rights）。剩余权利是在合同规定之外的对资产使用或处置的权利，购买资产本质上就是购买资产的剩余权利。对甲方而言，拥有一家企业（一体化）和与拥有该企业的乙方签订合同以获得某种服务（非一体化）的关键区别在于，一体化下，甲方可以解雇包括乙方在内的工人，而非一体化下，甲方只能中止与乙方的合作，即整体“解雇”乙方。如果甲方收购乙方，甲方就能获得乙方资产的控制权收益，但由于这种收益归甲方所有，原有的乙方资产所有者将会产生投机行为，甲方是否进行一体化，取决于控制权收益与投机产生的成本二者之间权衡。1990年，哈特与莫尔（John Moore）一起，将1986年的观点做了进一步拓展，研究所有权变化如何影响经理与工人的激励问题。这两篇论文的出现，标志着第三代产权理论的成型，又被称为格罗斯曼—哈特—莫尔模型或者GHM模型，或者基于1986年的研究简称为格罗斯曼和哈特模型。

格罗斯曼—哈特—莫尔模型具有以下几个显著特征。

第一，该模型强调控制权收益，尤其是剩余控制权收益，是对交易成本分析的延续，是以不完全合同为前提基础的分析。这与以完全合同为基础的代理成本分析，事实上形成了一种互补关系。

第二，该模型实质上是将威廉姆森对交易成本的定性分析进行了量化处理，是对威廉姆森交易成本经济学的拓展。

第三，该模型又以合同的不完全性为分析基础，某种程度上调和了威廉姆森的交易分析框架和德姆塞茨的合同分析框架。

第四，该模型能够同时使用非合作博弈和合作博弈的两个分析框架，格罗斯曼和哈特1986年的研究属于非合作博弈分析框架，而哈特与莫尔1990年的研究，则属于合作博弈分析框架。

第五，该模型拓展了詹森和麦克林模型中剩余索取权的概念，而且詹森麦克林的代理成本模型事实上也蕴含不完全合同分析的思想，表明两个模型既互补又相互融合。

正是基于1986年和1990年两篇论文的分析，对控制权收益尤其是剩余控制权收益的分析，哈特在1995年出版了《企业、合同与财务结构》（*Firms，Contracts，and Financial Structure*）一书，系统总结了剩余控制权的基本论点，并将其运用至资本结构的解释中。哈特也因为对不完全合同和剩余控制权的分析，获得了2016年的诺贝尔经济学奖。

这种包含控制权收益的格罗斯曼和哈特模型，不妨称之为第五代估值模型。在詹森和麦克林估值模型基础上，公司价值还应该包括控制权收益：

$$V_L \equiv B + S = V_U + TS - BC - AC + RB$$

其中，控制权收益用$RB$表示。由公式可以看出：

第一，控制权收益，尤其是剩余控制权收益，是对交易成本分析的结果，而交易成本与代理成本，基本在1970年之后，同步发展起来，因此控制权收益与代理成本，本质上是将合同视为完全还是不完全的结果。

第二，包含控制权收益的格罗斯曼和哈特估值模型，更像一种思想，因为控制权收益与代理成本类似，难以观测和度量，主观性很强。

第三，格罗斯曼和哈特模型与詹森和麦克林模型一样，放宽了同质化假设，而且后者同样考虑了控制权收益，这也是代理成本与控制权收益难以清晰界定的原因。

第四，格罗斯曼和哈特估值模型意味着，对公司价值的估算中，应该区分对估值标的的投资是否具有控制权的情形。例如，不同的股权比例所对应的股权价值，不应该仅仅是整体股权价值的同比例变化。

## 第一节　威廉姆森对交易成本的分析

### 一、两个基本假设

威廉姆森的交易成本经济学（transaction cost economics），以交易为基本分析单位，将所研究的问题直接或间接地转化为合同，同时把不同的交易还原为不同的治理结构或者产权结构，就形成了交易成本的经济分析。这种分析，需要对不同的制度或者产权结构进行分析，它依赖于两个基本假设：有限理性（bounded rationality）和投机主义（opportunism）。

有限理性与完全理性相对应，其定义最初由西蒙（Herbert A. Simon）于1957年在第2版的《管理行为》（*Administrative Behavior*）中给出，指刻意理性但又受到限制的状态（intendedly rational but only limitedly so）。在有限理性的基础上，西蒙将决策从最优化标准调整为满意化标准（satisficingvcrteria）。这里不妨举例加以说明。假设草丛里散落着一堆缝衣针，现在寻找一根针来缝制衣服。按照最优化标准，就需要将所有的针都找到并逐一加以比较，寻找到最尖锐的那根针。而按照满意化标准，只需要找到尖锐程度能够用于缝制衣服的针，就无需再找其他针。显然，理性有限是一个无法回避的现实，需要意识到由其带来的成本。节约这种成本，一般包括完善决策程序和完善治理结构两种方式。西蒙也因为对有限理性与决策行为的分析，获得了1978年的诺贝尔经济学奖。

投机主义在威廉姆森的定义中，指损人利己，包括撒谎、欺骗等多种形式。在大多数情形中，投机是一种机敏的欺骗，包括主动欺骗、不得已欺骗、事前或事后欺骗等。个体追求私利的程度，有强弱之分，程度最强烈的就是投机，最弱的是不投机，介于二者之间的是一般的自私自利。尽管威廉姆森多次强调投机主义是他对经济理论的原创性贡献，事实上并无多大不同，仅仅程度更强烈而已。在委托代理理论中，事前投机可以被视为逆向选择（adverse selection），事后投机可以被视为道德风险（moral hazard）。

## 二、不完全合同与交易成本的度量

威廉姆森将组织的问题转化成为实现某种特定目标而如何签订合同的问题，就有必要区分合同签订之前的交易成本和签订之后的成本。

签订之前的交易成本主要包括合同草拟、谈判及确保合同得以履行的成本。显然，合同需要尽可能估计到之后可能发生的各种情形，需要规定各种情形发生后签约主体的应对措施。

但是有限理性假设表明签约主体所签订的合同，必然是不完全合同，有以下几点理由。

第一，不可能把未来所有的情形都预测到。

第二，对未来某些突发事件的细节无法清晰界定。

第三，难以对未来突发事件的性质及影响达成共识。

第四，即使能够预测到未来发生的所有可能情形，也可能因为书写成本过于高昂而放弃。

第五，即使签约双方都已经被告知发生的突发事件，但出现争议时，第三方（如法庭）难以充分理解这种争议。

这就使得合同签订后，可能会产生以下几种成本。

第一种成本是不适应成本（maladaption costs），即合同双方的交易行为可能会偏离最初的合作方向，造成双方互不适应而形成的成本。

第二种成本是讨价还价成本（haggling costs），即如果合同双方想纠正事后不合作的情形，在讨价还价过程中形成的成本。

第三种成本是启动和运营成本（setup and running costs），即为了解决合同争论而建立治理协调机制并保证其正常运转，也会形成相应的成本。

第四种成本是约束成本（bonding costs），即为了保证合同中的各类条款都得以履行所形成的成本。

从合同签订前后的两种交易成本可以看出，交易成本无论在理论界定上，还是在实践度量上，都极为复杂。

## 三、资产专用性对交易成本的影响

威廉姆森用于区分各种交易的维度，除不确定性和合同签订的频率外，主要使用资产专用性（asset specificity）这一概念，这也是交易成本经济学区别于其他经济学流派的核心区别。资产专用性是指，资产用于特定用途后，很难再改用为其他用途，改用必然以价值牺牲为前提。

最早发现资产专用性思想的或许是马歇尔。1920年，马歇尔出版了第8版《经济学原理》。该书的第6篇第8章中指出，公司经理比较熟悉本公司的人和事，即拥有特殊的人力资本，在一些情形中，他可以依据这种优势受雇于竞争公司，但在其他情形中，除了对他所在的企业而言，他很难创造价值，而且他一旦离职，对公司造成的损失可能超过其薪酬的几倍，他谋求其他工作的薪酬水平，可能也不及原工作的一半。

威廉姆斯指出，资产专用性问题源于合同的履行。合同签订后，交易双方会在以下两种投资方式中进行选择：专用性投资与一般性投资。如果合同能按双方的意愿履行，专用性投资节约交易成本。这种投资的风险在于，如果合同不能如约履行，或者因为某种不可抗力不得不提前终止，那么就无法在不牺牲该资产价值的前

520 PROFITS OF CAPITAL AND BUSINESS POWER

VI, VIII, 10.

to his employees. Indeed, in some cases and for some purposes, nearly the whole income of a business may be regarded as a quasi-rent, that is an income determined for the time by the state of the market for its wares, with but little reference to the cost of preparing for their work the various things and persons engaged in it. In other words it is a *composite quasi-rent* [1] divisible among the different persons in the business by bargaining, supplemented by custom and by notions of fairness—results which are brought about by causes, that bear some analogy to those that, in early forms of civilization, have put the producer's surplus from the land almost permanently into the hands not of single individuals, but of cultivating firms. Thus the head clerk in a business has an acquaintance with men and things, the use of which he could in some cases sell at a high price to rival firms. But in other cases it is of a kind to be of no value save to the business in which he already is; and then his departure would perhaps injure it by several times the value of his salary, while probably he could not get half that salary elsewhere.[2]

When there would be no such loss, the quasi-rent of the employees' skill depends on the prosperity of the trade in general.

It is important to see how the position of such employees differs from that of others, whose services would be of almost equal value to any business in a large trade. The income of one of these in any week consists, as we have seen, partly of a recompense for the fatigue incurred by the work of that week, and partly of a quasi-rent of his specialized skill and ability: and, assuming competition to be perfectly efficient, this quasi-rent is determined by the price which either his present employers, or any other, would be willing to pay for his services in the state in which the market for their wares is during that week. The prices, that have to be paid for given work of a given kind, being thus determined by the general conditions of the trade, these prices enter into the direct outgoings which have to be deducted from its gross earnings in order to ascertain the quasi-rent of this particular firm at the time: but in the rise or fall of that quasi-rent the employees would have no share. In fact however competition is not thus perfectly efficient. Even

[1] Compare V. x. 8.

[2] When a firm has a speciality of its own, many even of its ordinary workmen would lose a great part of their wages by going away, and at the same time injure the firm seriously. The chief clerk may be taken into partnership, and the whole of the employees may be paid partly by a share in the profits of the concern; but whether this is done or not, their earnings are determined, not so much by competition and the direct action of the law of substitution, as by a bargain between them and their employers, the terms of which are theoretically arbitrary. In practice however they will probably be governed by a desire to "do what is right," that is, to agree on payments that represent the normal earnings of such ability, industry and special training as the employees severally possess, with something added if the fortunes of the firm are good, and something subtracted if they are bad.

图 5.2　马歇尔 1920 年对资产专用性思想的描述，第 1 段

提下改变这种专用性资产的用途，而一般性投资就不会产生这种问题。这就表明，专用性投资虽然能够节约交易成本，但由于投资价值的不可逆性，也可能会形成战略损失，投资决策就需要在这种收益与成本之间做出权衡。一般而言，当资产专用性达到一定程度后，市场交易成本较高，将迫使企业放弃依赖市场，此时纵向一体化就会出现。

可以看出，资产专用性是企业决定采用市场还是企业来配置资源的关键考虑因素，怎么强调它在交易成本经济学分析的重要性都不为过。资产专用性，常见的有以下四类：

第一类是场地专用性（site specificity）。这类资产专用性要求企业所有权联合统一，使得连续的生产阶段尽可能相互靠近。因为资产难以移动，搬迁成本过高，一旦投资，就要求生产阶段靠近以降低交易成本。

第二类是实物资产专用性（physical asset specificity）。如果资产可以移动，但专用性取决于其物理性质，那么将这些资产的所有权集中至一个企业后，由该企业去市场中购买，也会降低交易成本。

第三类是人力资本专用性（human asset specificity）。人力资本专用性程度加深，也要要求企业将与人力资本相关的各个生产阶段统一起来，通过一体化以降低交易成本。

第四类是特定用途资产专用性（delicated asset specificity）。这种特定用途资产主要是为了提高一般生产能力而进行的分期投资所形成。如果不是为了将大量产品卖与特定顾客群，就无需进行这种投资。

除上述四类资产专用性外，还包括品牌资产专用性等其他类型，这里不再一一讨论。可以看出，资产专用性是威廉姆斯用于分析一体化及企业与市场范围的关键分析维度。

## 四、交易成本与代理成本的比较

交易成本与代理成本是两个难以区别又难以度量的概念，这里不妨从以下几点加以比较。

第一，交易成本主要基于不完全合同分析，以人的有限理性为前提假设。但是，代理成本主要基于完全合同分析，以人的完全理性为前提假设。因此，交易成本与代理成本同步发展，并呈现一种互补关系。

第二，交易成本主要强调合同签订后的成本，其中不适应成本是主要成本，与其重新签订合同，不如选用合适的治理机制来降低成本。代理成本则强调合同签订前的成本，其中剩余损失是主要成本。以詹森和麦克林模型为例，理性的外部股东（无控制权）或者债权人会考虑到股权和债务的代理成本，会将代理成本复位到签订合同之前，将成本转嫁至有控制权的内部股东，这种成本将在合同签订前呈现。对合同签订后成本的分析，或许是交易成本经济学对经济学理论框架最重要的意义。

第三，交易成本分析的单位是交易，并将成本转化为合同签订与履行的成本，这和代理成本有相似之处，詹森和麦克林模型将企业定义为合同关系的联结，依旧以合同为中心。略微不同的是，代理成本分析的出发点是合同签约个体的利益，即分析单位是个体的效用函数，这需要引入个体的偏好等假设。

第四，从某种意义上讲，交易成本与代理成本之间，或者制度经济学与机制设计理论，呈现一种互逆的关系。交易成本理论，或者制度经济学，一般会在市场、企业等制度外生给定的前提下，分析和比较每种机制下的交易成本，成本最低或效率最高的机制将会成为主流的选择。而代理成本或者机制设计理论，一般首先给定效率目标，如代理成本最低目标，设计出可能的机制。这种机制，本质就是一个博弈均衡。

第五，交易成本相对于代理成本而言，更适合分析企业的内部组织结构，在有限理性、投机主义、连续决策的适应性等假设下，可以对以垂直管理和职能结构为核心的U（unitary）型组织结构、以事业部为核心的M（multidivisionalization）型组织结构、以对子公司控股为核心的H（holding）型组织结构这三种典型的组织结构进行分析。

第六，交易成本分析中的投机主义假设，与代理成本分析中的个体理性假设，并无本质区别。即交易成本中的投机主义，在代理成本中，就被称为逆向选择、道德风险或者其他类似概念。

第七，交易成本与代理成本一样，虽然都具备一定的操作性，但都难以度量，更多的是一种理论定义。例如交易成本主要靠合同签订之后的不适应成本来度量，代理成本主要通过信息完全对称下的帕累托效率与信息不对称下的次优效率之间的效率差来度量，因此适合于对金融现象的解释。

## 五、交易成本对估值方法论的指导意义

前述分析表明，威廉姆森的交易成本模型或者交易成本经济学，与代理成本类似，难以度量，难以进行量化分析。交易成本的

存在，本质上是对无摩擦的完全竞争的市场环境的修正，是一种类似哲学式的探讨，基本可以应用于所有的经济环境，当然也容易被滥用。关于这点有个经典的段子：为什么猴子会上树？因为存在交易成本！

从估值方法论的角度而言，威廉姆森的交易成本模型更多是一种指导意义。

第一，将股权与债务视为一种治理工具，而非仅仅是融资工具。以发行股票还是债券的方式来为公司或者项目融资，与公司决定自己生产某个产品还是从市场上购买，二者极为类似，可以使用交易成本进行分析。

第二，在资本运营中，应该意识到标的资产的资产专用性。如果某个标的资产对本公司的业务发展而言，资产专用性程度较高，那么从降低交易成本的角度而言，即使对标的资产在原有价格的基础上付出一定的溢价，整体上看，也能够进一步促进公司价值的提高。

## 第二节　剩余控制权与格罗斯曼和哈特估值模型

### 一、格罗斯曼和哈特对企业定义的拓展

科斯之后，威廉姆森更多地承袭了科斯对企业的定义，这从他1975年出版的《市场与层级制：分析与反托拉斯含义》的书名

中可以直观看出。与科斯的定义不同，阿尔奇安和德姆塞茨将企业定义为不同个体之间一组合同关系的联结，这一定义随后被詹森和麦克林所继承。在此基础上，詹森和麦克林模型分析股权融资和债务融资所形成的代理成本。更重要的是，他们已经提出剩余权（residual claims）概念，并假设外部股东所持有的股票没有投票权，进而假设内部股东或者控股股东具有控制权，并带来相应的控制权收益，表现为在职消费等多种形式。这种代理成本的分析，事实上已经蕴含了不完全合同分析的思想。

在科斯、威廉姆森、德姆塞茨等前人研究的基础上，格罗斯曼和哈特在1986年的合作研究中，深化了对企业的定义：企业由其所拥有的机器、存货等资产组成，企业的所有权定义在实物资产的剩余控制权（residual rights of control）上，即所有权就是购买这些资产的剩余控制权。

可以从以下几个角度来理解剩余控制权。

第一，合同权利，可以分为约定权利（specific rights）和剩余权利（residual rights）两种，前者由合同明确界定，而后者是合同中未明确确定的权利，即是一种合同之外的权利。这就表明，剩余控制权本身是不完全合同的结果。

第二，剩余控制权具有排他属性。如果一方获得了剩余控制权，将会使另一方丧失剩余控制权，这就是控制权的对称属性。

第三，无需区分所有权（ownership）与控制权，因为所有权定义在实施控制的权利上。在一家典型的公司中，股东作为一个整体，拥有控制权，并委托董事会作为管理者来实施控制权。

第四，剩余控制权并非绝对。例如，公司拥有一台昂贵的生产设备，并将其作为债务的抵押物，那么该公司在不得到债权人同意时，无权变卖这台生产设备，只能把公司所拥有的对该生产设备的约定权利转让给其他公司。

## 二、基于控制权的收益成本分析

威廉姆森的交易成本模型，事实上并没有将在企业内部组织交易的收益清晰界定出来。格罗斯曼和哈特引入控制权的定义后，将能对这种收益与相应的成本做进一步度量。

假设市场上存在两家企业：甲企业和乙企业。对甲企业而言，有企业和市场两种方式来组织与乙企业的合作。企业的方式是指，甲企业并购乙企业，即通过纵向一体化方式，拥有乙企业资产的剩余控制权。市场的方式是指，甲企业与乙企业签订由乙方提供服务的合同，非一体化方式下，乙企业拥有其资产的剩余控制权。

这两种方式的区别在于，如果出现争议，一体化方式下，甲企业可以解雇原属于乙企业的工人，而在非一体化方式下，甲企业只能中止与乙企业的合作，即整体“解雇”乙企业。现在假设一体化并不改变签订合同的内容与成本，改变的仅仅是，实际发生了特定事情但在合同中未有明确规定时，剩余控制权从乙企业转移至甲企业。

一体化下，甲企业取得了乙企业资产的剩余控制权，这种剩余控制权会形成相应的控制权收益。不妨假设甲企业为出版公司，乙企业为印刷公司，合同没有将再版事宜纳入合同条款。现在假设出版公司获得了再版可以获利的信息，在非一体化的市场方式下，是否再版的决定权将掌握在印刷公司手中，这种收益最终也将

# The Costs and Benefits of Ownership: A Theory of Vertical and Lateral Integration

Sanford J. Grossman

*Princeton University*

Oliver D. Hart

*Massachusetts Institute of Technology*

Our theory of costly contracts emphasizes that contractual rights can be of two types: specific rights and residual rights. When it is costly to list all specific rights over assets in the contract, it may be optimal to let one party purchase all residual rights. Ownership is the purchase of these residual rights. When residual rights are purchased by one party, they are lost by a second party, and this inevitably creates distortions. Firm 1 purchases firm 2 when firm 1's control increases the productivity of its management more than the loss of control decreases the productivity of firm 2's management.

## I. Introduction

### *A. General Introduction*

What is a firm? What are the determinants of how vertically or laterally integrated the activities of the firm are? This paper builds on the foundations laid by Coase (1937), Klein, Crawford, and Alchian (1978), and Williamson (1979), which emphasize the benefits of "con-

Research was supported by the National Science Foundation, the Alfred P. Sloan Foundation, and the International Centre for Economics and Related Disciplines at the London School of Economics. This is an extensively revised version of an earlier paper (Grossman and Hart 1984). We gratefully acknowledge helpful comments from Debra Aron, Peter Diamond, Richard Epstein, Naava Grossman, Paul Joskow, John Minahan, Jim Poterba, Andrew Postlewaite, Peter Thistle, Martin Weitzman, Oliver Williamson, Charles Wilson, Toni Zabalza, and two referees.

[*Journal of Political Economy*, 1986, vol. 94, no. 4]
© 1986 by The University of Chicago. All rights reserved. 0022-3808/86/9404-0004$01.50

691

图 5.3　格罗斯曼和哈特 1986 年基于剩余控制权的企业定义

为印刷公司获得。在一体化的企业方式下，出版公司可以直接要求印刷公司印刷，该收益将为出版公司获得。这就是剩余控制权形成的控制权收益。

但是，一体化也会带来相应的成本。接着上述例子，在非一体化下，印刷公司拥有再版的决定权，将会通过与出版公司协商，获得大部分甚至全部的收益，印刷公司显然会通过积极努力的印刷来实现该收益。但一体化后，出版公司能够获得大部分甚至全部的收益，印刷公司无法获得这种收益或者仅能获得一小部分，那么印刷公司就会产生相应的投机行为，即印刷公司的激励将会受到扭曲，造成相应的成本与损失。

这就表明，通过一体化的企业方式，甲企业获得乙企业资产的剩余控制权，获得相应的剩余控制权收益，但是会对乙企业的激励产生扭曲，这种投机行为会形成相应的成本，因此，甲企业需要在控制权的收益与成本之间进行权衡后，再决策是否实施一体化。

以上分析可以看出：

第一，合同签订之后，双方谈判总能实现效率解，但剩余控制权的归属，将会对事前的投资行为产生扭曲，这实质上打破了“效率与产权配置无关”的科斯定理。

第二，所有权就是实物资产的剩余控制权，获得剩余控制权后，控制权收益与投机成本将会并存。显然，拥有剩余控制权的一方，将通过拥有的剩余控制权获得大部分收益，这种收益通常不可测，但真实存在，这点也易于理解。

第三，格罗斯曼和哈特1986年的研究，与哈特与莫尔1990年的拓展研究，形成了完整的第三代产权理论，某种程度上是将威廉姆森对交易成本的定性分析，转化成了数理模型。这种对交易成本度量方式的改变，也将交易成本重新纳入完全合同或者委托代理理论的分析框架。这就表明，格罗斯曼—哈特—莫尔模型是个调和模型，基于不完全合同的交易成本分析，与基于完全合同的代理成本分析，呈现融合趋势。

第四，格罗斯曼—哈特—莫尔模型对交易成本的量化处理，是将交易成本高度抽象化，甚至抽象成某一函数，必然也牺牲了交易成本的多种属性。

哈特在1995年出版了论著《企业、合同与财务结构》，系统总结了合同不完全的微观基础以及剩余控制权的基本论点，并将其运用至资本结构的解释中，使得不完全合同的应用场景进一步拓展。

## 三、格罗斯曼和哈特估值模型

在詹森和麦克林估值模型基础上，格罗斯曼和哈特估值模型表明，公司价值还应该包括控制权收益，表达式如下：

$$V_L \equiv B + S = V_U + TS - BC - AC + RB$$

其中，控制权收益用 $RB$ 表示。可以看出以下几点。

第一，控制权收益，尤其是剩余控制权收益，是对交易成本分析的延续，基本与代理成本理论的发展同步。

第二，代理成本与控制权收益，实质是将合同视为完全合同或是不完全合同的结果。因此二者本身既融合又互补，而且难以界定。

第三，控制权收益与代理成本一样，客观存在，但难以度量与清晰界定，主观性较强。

第四，格罗斯曼和哈特估值模型可以用于分析股权或债务的影响。假设某公司要投入重要的专用性资产，那么他就应该拥有资产的剩余控制权，但是因为财富约束需要进行外部融资。如果考虑用设备进行抵押或者用存货进行抵押进行债务融资，显然前一种情形更容易获得长期贷款。因为如果抵押物迅速贬值或者收益迅速变现，债权人将很难避免公司的投机行为，债权人需要在未偿付的债务价值与项目的剩余收益之间做出权衡，虽然他拥有抵押物的剩余控制权。因此，格罗斯曼和哈特模型与詹森和麦克林模型类似，更适合应用于对金融现象和投融资决策的解释以及融资工具的设计。

第五，格罗斯曼和哈特估值模型意味着，对公司价值的估算中，应该区分对估值标的的投资是否具有控制权的情形。不同的股权比例所对应的股权价值，不应该仅仅是整体股权价值的同比例变化。

## 第三节　我国不同股权比例下控制权分析

### 一、不同股权比例的控制权约定

我国对公司不同股权比例下的控制权约定，主要体现在《中华人民共和国公司法》和《中华人民共和国证券法》中，以下简称《公司法》和《证券法》，这里不妨参考2018年修订的《公司法》和2019年修订的《证券法》。

第一个关键的股权比例是67%，在实践中经常被称为“绝对控制线”。

《公司法》第四十三条规定：“股东会会议作出修改公司章程、增加或者减少注册资本的决议，以及公司合并、分立、解散或者变更公司形式的决议，必须经代表三分之二以上表决权的股东通过。”这就表明，三分之二是基准线，67%、66.7%乃至66.67%的股权比例，均能表示这种绝对控制。但需要注意的是，《公司法》第四十二条规定：“股东会会议由股东按照出资比例行使表决权。但是，公司章程另有规定的除外。”这就表明代表公司治理机制的公司章程，可以约定股东不按出资比例行使表决权，这样67%股权比例所蕴含的对公司的绝对控制线意义，也就失去了基础。

第二个关键的股权比例是51%，在实践中经常被称为“相对控制线”。

《公司法》第一百零三条规定：“股东大会作出决议，必须经出席会议的股东所持表决权过半数通过。”这就表明，除前述第四十三条的约定事项外，选举董事、聘请独立董事或者会计师事务所等事项可以由过半数的股权比例决定，这也是被称为“相对控制线”的原因。与前述股权比例的分析类似，51%、50.1%或者50.01%的股权比例，均能够表示相对控制。

第三个关键的股权比例是34%，在实践中经常被称为“安全控制线”。

这同样源自于《公司法》第四十三条规定。如果67%股权的意味着对公司的绝对控制，那么超过三分之一或者34%的股权，就意味着安全控制。显然，如果拥有34%的股权，那么其他股东无法达到三分之二或67%的表决权，因此其他股东无法直接通过与公司生死存亡相关事宜的决策，这就意味着控制了生命线。因此，34%、33.4%或者33.34%的股权比例经常被称为“安全控制线”。显然，这种一票否决仅针对于生死存亡的重大事宜，对其他仅需过半数以上通过的决策，显然无法否决。

第四个关键的股权比例是30%，在实践中经常被称为“要约收购线”。

《证券法》第六十五条规定：“通过证券交易所的证券交易，投资者持有或者通过协议、其他安排与他人共同持有一个上市公司已发行的有表决权股份达到百分之三十时，继续进行收购的，应当依法向该上市公司所有股东发出收购上市公司全部或者部分股份的要约。”显然，这种规定仅适用于特定条件下的上市公司股权收购，并不适用于有限责任公司等其他公司类型。

当然，在实践中还有其他关键的股权比例，例如，10%的股权比例一般享有“临时会议权”，这里不再一一分析。

## 二、不同比例下股权价值的非线性结构

显然，对公司股权价值的估算，应该考虑该股权比例所对应的权利，尤其是控制权，因为不同的控制权对应的收益并不相同。

假设某公司的股权价值为$S$，同时股东会会议由股东按照出资比例行使表决权。显然，66%的股权价值与67%的股权价值之间的差异，并非整体股权价值的1%，即差异并非$0.01S$。同理，50%的股权价值与51%的股权价值之间的差异，也并非$0.01S$。

当然，67%的股权价值与68%的股权价值差异，49%的股权价

值与50%的股权价值差异，可以用 0.01$S$ 来度量。股权价值随股权比例变化，整体应该呈现非线性结构，这就是不同控制权形成的收益差异所致。

如果放宽同股同权假设，对公司价值和股权价值的度量，非线性程度将进一步加深，价值估算也将更为复杂。

## 第四节　第五代估值模型小结

在包含破产成本的斯科特模型基础上，随着以完全合同为基础的代理理论和不完全合同为基础的产权理论的发展，分别形成了包含代理成本的詹森和麦克林估值模型和包含控制权收益的格罗斯曼和哈特估值模型。前者是折现现金流法的第四代估值模型，后者则是折现现金流法下第五代估值模型。两代估值模型的理论基础虽然同步发展，但交易成本更难以量化处理，这也是第五代估值模型滞后的原因。

在科斯、威廉姆森、阿尔奇安、德姆塞茨、詹森、麦克林等人研究基础上，格罗斯曼和哈特将企业定义为由其所拥有的机器、存货等资产组成，并将所有权定义在实物资产的剩余控制权上。格罗斯曼和哈特的定义，调和了企业的权威定义与合同定义这两条理论发展线，并将威廉姆森的资产专用性与交易成本经济思想数理模型化，从而能够对一体化的成本收益进行度量。代理成本与控制权收益，实质是将合同视为完全合同或是不完全合同的结果，因此二者本身既融合又互补，同步发展。

考虑控制权收益后，公司价值等于无杠杆公司价值，加上税盾效应，减去破产成本和代理成本，再加上控制权收益。这也表明，格罗斯曼和哈特估值模型，是对莫迪利安尼和米勒估值模型、斯科特估值模型、詹森和麦克林估值模型的继承与发展，这也是基于折现现金流法的五代估值模型划分缘由。

控制权收益与代理成本一样，客观存在，但难以度量与界定。与其称为格罗斯曼和哈特估值模型、詹森和麦克林估值模型，或许称为格罗斯曼和哈特估值思想、詹森和麦克林估值思想更为贴切，更适合于对金融现象的解释，更适合于对融资工具的解释。

考虑到可操作性因素，第二代估值模型的 *MMI* 估值法和 *WACC* 估值法，在融入第四代估值模型基础上的自由现金流概念后，依旧是实践中最广泛使用的估值模型。破产成本、代理成本与控制权收益等，则成为公司估值中需考虑的重要因素。

# 第六章
# 其他估值模型

与凯恩斯的主观价值或者心理价值相对应，客观价值或者内在价值的估值思想或许已早被使用，但明确提出客观价值模型的，应该是威廉姆斯和格雷厄姆。公司客观价值的估算，又分为两大类模型：基于折现现金流思想的绝对估值法和基于同质化可比思想的相对估值法，前者源于威廉姆斯1938年提出的股利折现模型，后者源于格雷厄姆和多德1934年《证券分析：原理与技术》中给出的股票定价模型。虽然这两个模型都是估算股权价值，但随后估值方法论的重心，逐步从股权价值转移到公司价值上。

相对估值模型的思路极为简洁，选择本公司或者标的资产的某个指标，将其与可比公司（comparative company）进行比较，公司价值或者股权价值就是该指标的基于可比公司构造的倍数。因此相对估值法在实践中，又被简称为倍数法或可比法。要求可比，同样蕴含着同质化思想，即公司之间的差异仅仅是规模因素，其他方面都相同。

除绝对估值法和相对估值法外，实践中还存在一类公司或者机构，既没有收益，又很难在市场中找到交易参照物，如某些非营利性公司。此时，在绝对估值法和相对估值法下的估值模型都难以使用，但可以使用重置成本法（replacement cost method，RCM）。

重置成本法的基本流程是，将构成公司的全部资产进行分解，对每项资产按当前的市场价值重新逐一估算，将每项资产价值加总后的值作为公司价值。概括起来就是两步：先化整为零，再化零为整。它的理论依据在于，理性的投资者购买某项资产时愿意支付的价格，不会超过与之等效的全新资产的最低成本。托宾（James Tobin）在1969年的研究中最早指出了这种关系，并定义了后来称为托宾 $Q$（Tobin's q-ratio）的比率：公司市场价值与资产重置成本之比。

托宾还在1958年研究流动性偏好时，发现了后来被称为两基金分离定理（two fund separation theorem，TFS）的关系。无论是资本资产定价模型 $CAPM$，还是莫迪利安尼和米勒的 $MMII$ 模型，都可以视为两基金分离定理的直接应用：前者将股权资本成本 $R_S$ 视为无风险资产收益率 $R_f$ 和市场组合收益率之间 $R_m$ 的加权平均，后者将 $R_S$ 视为无杠杆股权资本成本 $R_U$ 与债务资本成本 $R_B$ 的加权平均。因为对凯恩斯理论及投资组合理论方面的研究，托宾获得了1981年的诺贝尔经济学奖。他的名言是：鸡蛋不能放在同一个篮子里。

除重置成本法外，实践中有时还使用实物期权模型（real option valuation，ROV）来估算公司价值。梅耶斯（Stewart C.Myers）在1977年将期权定价理论（option pricing theory）引入公司估值中，并将这种应用称为实物期权法。

对期权定价理论的研究，最早应该追溯到法国数学家巴施里耶（Louis Bachelier，1870—1946）。1900年，巴施里耶提交了博士论文《投机理论》（*Theory of Speculation*，法语*Théorie de la spéculation*），指出概率论可以用于描述证券价格的波动，他对布朗运动（Brownian motion）的描述，领先于爱因斯坦（Albert Einstein）约5年。他指出，当前股票价格下，相信价格上涨的买家与相信价格下跌的卖家一样多，因此对投资者而言，投资者的期望收益为零，股票市场是个公平游戏。巴施里耶不仅发现波动率与时间的平方根成正比这一规律，还推导出了第一个期权定价公式，后来被称为巴施里耶期权定价模型（Bachelier option pricing model）。巴施里耶论文中使用的是线性布朗运动（linear Brownian motion），存在价格为负的可能，争议较大，这或许是他论文长期默默无闻的主要原因。

巴施里耶对金融的理论贡献，很大程度上得益于萨缪尔森（Paul A.Samuelson，1915—2009）的宣传与推荐，后者认为，他对布朗运动的描述，比爱因斯坦更严密。萨缪尔森后来曾在2000年的一次节目中讲过："20世纪50年代，一个偶然的机会，我从巴黎大学图书馆找到了这本不知名且破旧不堪的论文。当我翻开它时，一个全新的世界在我面前展开。一边阅读，一边想把它翻译成英语，让大家都能来欣赏这颗熠熠生辉的学术明珠。"萨老的赞赏之情，溢于言表。

该文于1964年被伯尼斯（James Boness）从法语翻译成英语，并收录于库特纳（Paul H. Cootner）主编的《股票市场价格的随机游走特征》（*The Random Character of Stock Market Prices*）一书中。鉴于巴施里耶的突破性贡献，法国成立了巴施里耶协会，并于2000年6月在巴黎召开了第一次巴施里耶国际会议，以纪念《投机理论》问世100周年。因此有时也把1900年，而非马科维茨和罗伊论文发表的1952年，视为当代金融理论的开端。

巴施里耶使用的线性布朗运动，也随后被萨缪尔森在1965

年调整为几何布朗运动（geometric Brownian motion），股票价格呈现指数增长形式，不再出现价格为负的情形。在此基础上，布莱克（Fischer Black）和斯科尔斯（Myron Scholes）、默顿（Rpbert C. Merton）进一步引入无风险收益率，在1973年同时给出了欧式看涨期权（European call option）的定价公式，又被称为布莱克—斯科尔斯—默顿模型，或简称为BSM模型。该定价公式一经出现，就极大地推动了期权市场的发展，这种影响有时也被称为第二次华尔街革命，而第一次华尔街革命一般指由马科维茨和夏普等人的投资组合理论与资本资产定价模型推动形成的革命。

斯科尔斯和默顿也因为期权定价的贡献，获得了1997年的诺贝尔经济学奖，布莱克则于1995年遗憾离世。默顿的成就很大程度上得益于他曾担任萨缪尔森的科研助手，而后者早就于1970年获得了第二届诺贝尔经济学奖。

将梅耶斯将期权定价模型引入到公司价值领域，实际上是将投资视为一种看涨期权，此时公司价值表示为在原有价值基础上，附加一个因投资机会形成的一个价值增量，即附加一个看涨期权价值，这种价值就是实物期权价值。期权定价模型的结果，仅需给出资产价格的波动率就能计算得出，因而可以视为客观价值估算的极致情形。此时无需估算自由现金流或者加权平均资本成本。但在实际应用中，无论是波动率，还是资产当前价格参数、执行价格、时间等参数，都难以构造，因此无法替代绝对估值法或者相对估值法，仅可作为是一种估值思想或者估值参考。

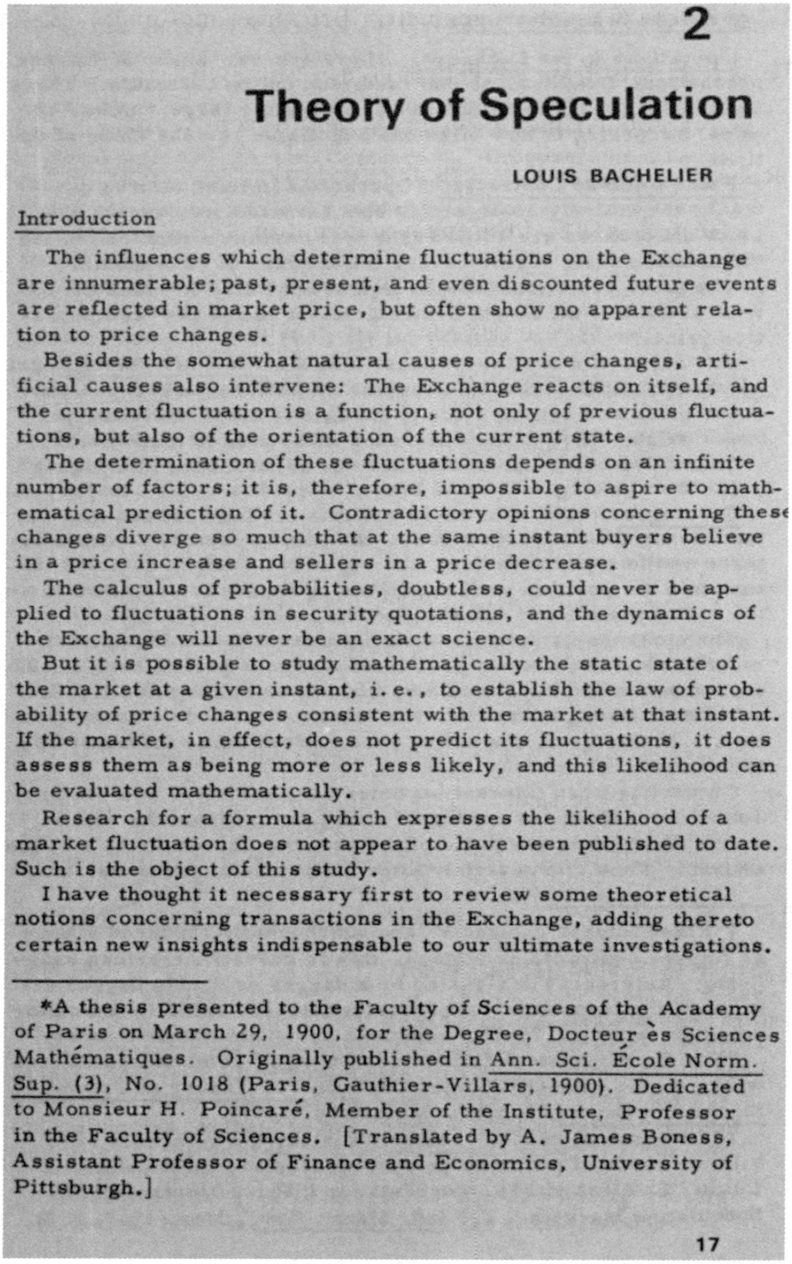

2

# Theory of Speculation

LOUIS BACHELIER

Introduction

The influences which determine fluctuations on the Exchange are innumerable; past, present, and even discounted future events are reflected in market price, but often show no apparent relation to price changes.

Besides the somewhat natural causes of price changes, artificial causes also intervene: The Exchange reacts on itself, and the current fluctuation is a function, not only of previous fluctuations, but also of the orientation of the current state.

The determination of these fluctuations depends on an infinite number of factors; it is, therefore, impossible to aspire to mathematical prediction of it. Contradictory opinions concerning these changes diverge so much that at the same instant buyers believe in a price increase and sellers in a price decrease.

The calculus of probabilities, doubtless, could never be applied to fluctuations in security quotations, and the dynamics of the Exchange will never be an exact science.

But it is possible to study mathematically the static state of the market at a given instant, i. e., to establish the law of probability of price changes consistent with the market at that instant. If the market, in effect, does not predict its fluctuations, it does assess them as being more or less likely, and this likelihood can be evaluated mathematically.

Research for a formula which expresses the likelihood of a market fluctuation does not appear to have been published to date. Such is the object of this study.

I have thought it necessary first to review some theoretical notions concerning transactions in the Exchange, adding thereto certain new insights indispensable to our ultimate investigations.

*A thesis presented to the Faculty of Sciences of the Academy of Paris on March 29, 1900, for the Degree, Docteur ès Sciences Mathématiques. Originally published in Ann. Sci. École Norm. Sup. (3), No. 1018 (Paris, Gauthier-Villars, 1900). Dedicated to Monsieur H. Poincaré, Member of the Institute, Professor in the Faculty of Sciences. [Translated by A. James Boness, Assistant Professor of Finance and Economics, University of Pittsburgh.]

17

图 6.1　巴施里耶 1900 年博士论文《投机理论》的 1964 年英文版本

# 第一节　相对估值模型

## 一、相对估值法

最早期的客观价值估算模型，即股利折现模型和成长股定价模型，都是用于股权价值的计算。在估值方法论的后续发展中，逐步从以股权价值为重心转移至以公司价值为重心。

得益于杜兰1952年的分析与界定，现金流逐步聚焦于两个指标。

第一个指标为净经营利润指标 $NOI$ 或者息税前利润指标 $EBIT$，它们属于无杠杆现金流，同时包含了可分配给股东和债权人的现金流，因此经常用于估算公司价值。

第二个指标为净利润指标 $NI$，它属于杠杆现金流，仅用于分配给股东，因此经常用于估算股权价值。

因此，相对估值法也可以分为公司相对价值模型和股权相对价值模型。

## 二、公司相对价值模型

公司相对价值模型可以用表示为：

$$V=(\frac{V_C}{x_C})\cdot x\text{，}\quad x\in\{EBIT,EBITDA,\cdots\}$$

其中 $V$ 表示本公司或标的公司价值，$V_C$ 表示用于比较的公司或可比公司（comparative company）价值，$x$ 表示用于比较的指标，常用于比较的指标包括息税前利润 $EBIT$、息税折旧摊销前利润 $EBITDA$ 及相应的变换形式。

可以从三点对上式加以说明。

第一，基于可比公司估算的 $V_C / x_C$，是一个倍数，这是相对估值法有时又被称为倍数法的原因。

第二，用于比较的现金流指标，应该同时包括可分配给股东和债权人的现金流，这是源于公司价值定义为股权价值和债务价值之和。

第三，用于比较的现金流指标，一般是无杠杆现金流。

## 三、股权相对价值模型

同理，股权相对价值模型可以用表示为：

$$S = (\frac{S_C}{y_C}) \cdot y\text{，}\quad y \in \{NI, NA, \cdots\}$$

其中 $S$ 表示本公司或标的公司的股权价值，$S_C$ 表示可比公司的股权价值，$y$ 表示用于比较的指标，常见的指标包括净利润 $NI$、净资产（net asset，NA）等。

可以从几点对上式加以说明。

第一，可比公司估算的 $S_C / y_C$ 也是倍数，如果分子、分母同时除以发行的股份数，就可以得到更常用的表达式。

第二，如果选择以净利润 $NI$ 为指标，除以股份数后，$S_C / y_C$ 就转化为可比公司的股票价格与每股利润（earnings per share，EPS）的比率，即转化为市盈率（price earnings ratio，P/E或PE），在实践中常被简称为市盈率法或 $PE$ 法。

第三，如果选择以净资产$NA$为指标，除以股份数后，$S_C / y_C$就转化为市净率（price to book ratio，P/B或PB），在实践中常被简称为市净率法或$PB$法。

第四，净资产$NA$对应资产负债表中的所有者权益，也就是说，它本质上是股权的账面价值（book value），而股权价值主要指股权的市场价值（market value），二者有所不同。

第五，用于比较的现金流指标，应该仅包括可分配给股东的现金流，应该是杠杆现金流，要剔除对债权人的现金流分配。

## 四、相对估值方法中的同质化思想

可以看出，与折现现金流法下的“鹦鹉估值三部曲”而言，相对估值法同样仅需三步。

第一，选择本公司或标的公司的某个现金流指标。

第二，基于可比公司，构建倍数。

第三，指标乘以相应倍数，就可以估算出公司价值或者股权价值。

相对估值法与绝对估值法相比而言有以下特征。

第一，相对估值法最大的优势是便捷，无需对未来现金流做出预测，因此在实践应用中较为广泛。

第二，从相对估值模型可以看出，对标的公司和可比公司而言，差异仅仅在于规模因素，其他方面应该相同，即标的公司和可比公司本质上应该同质，同质化假设下，相应的指标才能呈现比例关系。

第三，相对估值法主要从财务指标角度考虑，剔除了“人”

的因素，公司本质上是可以由生产技术加以刻画的古典定义。这就表明，相对估值法对公司价值或股权价值的估算过程进行了简化，远不如詹森和麦克林估值模型或者格罗斯曼和哈特估值模型那么复杂。

因此，无论是绝对估值法，还是相对估值法，都蕴含着同质化假设，而且后者对同质化假设的依赖性更强。当同质化程度越弱，越不能进行比较。

## 第二节　重置成本估值模型

### 一、重置成本与托宾Q

重置成本（replacement cost，RC）从字面上看，就是从当前市场上重置该公司资产所需的成本，可以近似地理解为“重新组装”成本。用重置成本的思想来估算公司价值，就是假设资产继续使用的前提下，对公司的每项资产按重新购置的成本来进行评估。重置成本法是绝对估值法和相对估值法的重要补充，这三者也是实践中最常用的三种估值方法。基于不同方法下的公司估值，投资者可以进行相互比较以供决策参考。

不妨从以下几点来理解重置成本法。

第一，重置成本法，本质上将公司还原为构成公司的各类资产，再对每项资产逐个估算，基于资产价值总和估算出公司价值，这和公司的加权平均资本成本的定义有相似之处。

第二，重置表明，标的公司可以再生且可以复制，因此不能再生或复制的标的公司不宜采用重置成本法。

第三，重置同样表明，标的公司的实体特征、内部结构及功能必须与重置后的新资产有可比性。

第四，重置成本法比较适合于标的公司或者标的资产没有收益、市场上又很难找到交易参照物的情形，此时绝对估值法与相对估值法失效，例如对非营利性公司的价值评估。

重置成本法的理论基础是，理性的投资者购买某项资产时愿意支付的价格，不会超过与之等效的全新资产的最低成本。如果该项资产的价格比等效的全新资产的最低成本高，投资者肯定不会购买该资产，而是选择购买全新的资产。

托宾（James Tobin）在1969年的研究中，最早发现了这种关系，后来被命名为托宾$Q$（Tobin's q-ratio）：$Q$值等于公司的市场价值与资产重置成本的比率。从投资者角度而言，如果$Q>1$，意味着公司价值在资本市场中被高估。如果$Q<1$，则意味着公司价值被低估。从公司角度而言，托宾$Q$度量了追加一单位投资的边际收益与边际成本比率，如果$Q>1$，公司就应该购进新的资产。

## 二、重置成本估值模型

重置成本法下，公司价值等于重置成本减去实体性贬值、功能性贬值和经济性贬值。其中，实体性贬值指资产在存放或使用

JAMES TOBIN

# A General Equilibrium Approach To Monetary Theory

I WILL TAKE THE OPPORTUNITY provided by the first issue of a journal devoted to monetary economics to set forth and illustrate a general framework for monetary analysis. It is not a new approach, but one shared at least in spirit by many monetary economists. My purpose here is exposition and recapitulation.[1]

1. *The capital account.*—The approach focuses on the capital accounts of economic units, of sectors of the economy, and of the economy as a whole. A model of the capital account of the economy specifies a menu of the assets (and debts) that appear in portfolios and balance sheets, the factors that determine the demands and supplies of the various assets, and the manner in which asset prices and interest rates clear these interrelated markets. In this approach, monetary assets fall into place as a part, but not the whole, of the menu of assets; and the commercial banking system is one sector, but not the only one, whose balance sheet behavior must be specified.

Treatment of the capital account separately from the production and income account of the economy is only a first step, a simplification to be justified by convenience rather than realism. The strategy is to regard income account

[1] Among my many debts, I will acknowledge here a special one to my colleague and, on occasion, collaborator, William C. Brainard, who has helped to develop and clarify the approach here expounded. He is not responsible, however, for errors and confusions that may remain in this particular exposition. See also Tobin and Brainard, "Financial Intermediaries and the Effectiveness of Monetary Controls," *American Economic Review*, 53 (May, 1963), pp. 383–400 and Brainard, "Financial Intermediaries and a Theory of Monetary Control," *Yale Economic Essays*, 4 (Fall, 1964), pp. 431–482. These papers are reprinted as Chapters 3 and 4 in *Financial Markets and Economic Activity*, ed. Hester and Tobin. Cowles Foundation Monograph 21, (New York: Wiley, 1967).

JAMES TOBIN *is Sterling Professor of Economics at Yale University and has been chairman of the department of economics at Yale since February, 1968.*

图 6.2　托宾 1969 年蕴含托宾 Q 思想的研究

过程中，因使用磨损或自然力的作用造成的损耗所引起的贬值；功能性贬值指资产由于无形损耗，造成价值损失，进而使得资产贬值；经济性贬值指由于外部经济环境变化引起的资产贬值。因此，公司价值可以用重置成本减去三类贬值进行度量，它同样可以简化为如下公式：

$$V = V_{RC} \cdot (1 - dr) = V_{RC} \cdot nr$$

其中，$V_{RC}$表示公司重置成本，$dr$表示折旧率（depreciation rate），$nr$表示成新率（newness rate）。

从上式可以看出：

第一，重置成本法需要对每项资产逐一估算，需要确定每项资产的实体特征、使用年限等，并与资产当前的市场价值进行比较，因此融合了公司的账面价值与市场价值。每项资产逐一估算，包含了绝对估值思想。同时，用折旧率或成新率进行简化，又在某种程度上包含了相对估值思想。

第二，公司资产显然包括无形资产，包括专利权和商标权等，对无形资产的价值估算，主观性较强。

第三，重置成本法下，最难估算的是人力资本，这也是公司能否复制的关键因素，但显然难以估算，这也是重置成本法的缺陷所在。

第四，重置成本法下，公司资产价值等于各项资产价值之和，先化整为零，再化零为整，整体价值是否等于部分价值之和，这点依旧值得商榷。

因此，实践中主要使用绝对估值模型与相对估值模型，而以重置成本估值模型作为一种补充与参考。

# 第三节　实物期权估值模型

## 一、期权定价

期权（option）指投资者支付一定的费用后，能够在未来某一日期以固定价格买进或卖出一项资产的权利。不妨从以下几点加以理解。

第一，期权是一种权利，源于对未来风险或不确定性的管理，投资者有权利而无义务。

第二，约定买卖的资产，被称为标的资产（underlying asset），可以是股票、债券，也可以是股票指数、商品期货等。

第三，依据期权合约对标的资产进行买卖的决策称为执行（exercise），约定买卖的价格称为执行价格（exercise price）

第四，如果只能在固定日期执行，就称为欧式期权（European option）。如果在约定的到期日之前的未来任何时间都能执行，就称为美式期权（American option）。

1973年，布莱克和斯科尔斯、默顿几乎同时给出了欧式看涨期权的定价公式，被称为布莱克—斯科尔斯—默顿模型或BSM模型。

计算期权价格需要五个参数：当前资产价格，无风险收益率，执行价格，时间期限和波动率。其中最为关键且最为复杂的参数就是资产价格的波动率。

With this substitution, the differential equation becomes:

$$y_2 = y_{11}, \tag{10}$$

and the boundary condition becomes:

$$\begin{aligned} y(u,0) &= 0, && u < 0 \\ &= c\left[e^{u\left(\frac{1}{2}v^2\right)/\left(r-\frac{1}{2}v^2\right)} - 1\right], && u \geqslant 0. \end{aligned} \tag{11}$$

The differential equation (10) is the heat-transfer equation of physics, and its solution is given by Churchill (1963, p. 155). In our notation, the solution is:

$$y(u,s) = 1/\sqrt{2\pi}\int_{-u/\sqrt{2s}}^{\infty} c\left[e^{(u+q\sqrt{2s})\left(\frac{1}{2}v^2\right)/\left(r-\frac{1}{2}v^2\right)} - 1\right]e^{-q^2/2}dq. \tag{12}$$

Substituting from equation (12) into equation (9), and simplifying, we find:

$$\begin{aligned} w(x,t) &= xN(d_1) - ce^{r(t-t^*)}N(d_2) \\ d_1 &= \frac{\ln x/c + (r + \frac{1}{2}v^2)(t^* - t)}{v\sqrt{t^* - t}} \\ d_2 &= \frac{\ln x/c + (r - \frac{1}{2}v^2)(t^* - t)}{v\sqrt{t^* - t}} \end{aligned} \tag{13}$$

In equation (13), $N(d)$ is the cumulative normal density function.

Note that the expected return on the stock does not appear in equation (13). The option value as a function of the stock price is independent of the expected return on the stock. The expected return on the option, however, will depend on the expected return on the stock. The faster the stock price rises, the faster the option price will rise through the functional relationship (13).

Note that the maturity $(t^* - t)$ appears in the formula only multiplied by the interest rate $r$ or the variance rate $v^2$. Thus, an increase in maturity has the same effect on the value of the option as an equal percentage increase in both $r$ and $v^2$.

Merton (1973) has shown that the option value as given by equation (13) increases continuously as any one of $t^*$, $r$, or $v^2$ increases. In each case, it approaches a maximum value equal to the stock price.

图 6.3 布莱克和斯科尔斯 1973 年的欧式看涨期权定价公式，公式 13

of exercising prior to expiration. Hence, it is sufficient to prove that $g(S, \tau; E) < G(S, \tau; E)$. From Assumption 1, if for some $T \leqq \tau$, $g(S^*, T; E) < G(S^*, T; E)$ for some possible value(s) of $S^*$, then $g(S, \tau; E) < G(S, \tau; E)$. From Theorem 12, $g(S^*, T; E) = f(S^*, T; E) - S^* + EP(T)$. From (17), $G(S^*, T; E) \geqq \text{Max}[0, E - S^*]$. But $g(S^*, T; E) < G(S^*, T; E)$ is implied if $E - S^* > f(S^*, T; E) - S^* + EP(T)$, which holds if $f(S^*, T; E) < E[1 - P(T)]$. By hypothesis of the theorem, such an $S^*$ is a possible value. Q.E.D.

Since almost always there will be a chance of premature exercising, the formula of Theorem 12 or B-S equation (26) will not lead to a correct valuation of an American put and, as mentioned in Section 3, the valuation of such options is a more difficult analytical task than valuing their European counterparts.

**5. Rational option pricing along Black-Scholes lines**

■ A number of option pricing theories satisfy the general restrictions on a rational theory as derived in the previous sections. One such theory developed by B-S[32] is particularly attractive because it is a complete general equilibrium formulation of the problem and because the final formula is a function of "observable" variables, making the model subject to direct empirical tests.

B-S assume that: (1) the standard form of the Sharpe-Lintner-Mossin capital asset pricing model holds for intertemporal trading, and that trading takes place continuously in time; (2) the market rate of interest, $r$, is known and fixed over time; and (3) there are no dividends or exercise price changes over the life of the contract.

To derive the formula, they assume that the option price is a function of the stock price and time to expiration, and note that, over "short" time intervals, the stochastic part of the change in the option price will be perfectly correlated with changes in the stock price. A hedged portfolio containing the common stock, the option, and a short-term, riskless security, is constructed where the portfolio weights are chosen to eliminate all "market risk." By the assumption of the capital asset pricing model, any portfolio with a zero ("beta") market risk must have an expected return equal to the risk-free rate. Hence, an equilibrium condition is established between the expected return on the option, the expected return on the stock, and the riskless rate.

Because of the distributional assumptions and because the option price is a function of the common stock price, B-S in effect make use of the Samuelson[33] application to warrant pricing of the Bachelier-Einstein-Dynkin derivation of the Fokker-Planck equation, to express the expected return on the option in terms of the option price function and its partial derivatives. From the equilibrium condition on the option yield, such a partial differential equation for the option price is derived. The solution to this equation for a European call option is

$$f(S, \tau; E) = S\Phi(d_1) - Ee^{-r\tau}\Phi(d_2), \tag{21}$$

where $\Phi$ is the cumulative normal distribution function, $\sigma^2$ is the

[32] In [4].
[33] In [42].



图 6.4 默顿 1973 年的欧式看涨期权定价公式，公式 21

## 二、实物期权估值模型

1977年，梅耶斯将BSM模型引入公司金融领域，来估算公司价值。他将公司价值分为两部分：既有资产的市场价值与买卖未来收益不确定的资产形成的实物期权价值，而且这两类价值不相关。公司价值等于既有资产的市场价值和实物期权价值之和，这被称为实物期权估值模型（real option valuation，ROV）。对某个公司进行投资的依据是，投资者认为该公司未来价值会上升，即将这笔投资视为一个看涨期权。

实物期权与金融期权相比，有以下几点不同。

第一，实物期权不存在公开交易市场，而金融期权存在公开交易市场。

第二，实物期权中，期权执行的时间期限，一般视项目的存续时间而定，而金融期权的时间期限相对固定。

第三，实物期权中，执行价格经常用项目投资成本的折现值来估算，而在金融期权中，执行价格会在合约中明确约定。

第四，实物期权中，标的资产的价格一般用项目未来现金流的折现值来估算，而在金融期权中，可以通过公开市场交易直接获得。

可以看出，尽管实物期权估值模型看上去仅需五个参数就能计算得出，而且无需计算自由现金流与加权平均资本成本，是公司客观价值估算的极致情形，完全绕开了绝对估值模型中一系列复杂的假设。

但是，从实物期权与金融期权的比较可以看出。

第一，实物期权估值模型中所需要的标的资产价格、时间期限和执行价格，都很难获得，无法与金融期权相比。

第二，标的资产价格一般用项目未来现金流的折现值来估算，这本身就是以绝对估值法为前提。

第三，实物期权估值模型还需公司价值的波动率，该参数一般基于公开市场中的类似的公司进行构建，显然难以度量。这也可以看出，实物期权估值模型又蕴含了相对估值法思想。

因此，实物期权估值模型无法替代绝对估值模型或者相对估值模型，更多的是一种估值思想，基于实物期权估值模型估算出的公司价值，可以视为对绝对估值模型和相对估值模型结果的另一种补充与参考。

# 结语　估值：科学、哲学还是艺术

## 估值是一门科学

从公司价值方法论的发展来看，估值是一门科学。

首先，估值方法的流程科学。

第一，绝对估值模型基于折现现金流思想发展出的“鹦鹉估值三部曲”表明，首先测算现金流，其次测算加权平均资本成本或股权资本成本，对现金流折现就能估算出公司价值或股权价值。

第二，相对估值模型同样仅需三步，首先选择现金流指标，其次通过可比公司构造倍数，将现金流指标与倍数相乘，同样也可以估算出公司价值与股权价值。

第三，重置成本估值模型与实物期权估值模型同样也具备这个特点。

其次，估值方法的数学逻辑严密。

第一，基于折现现金流发展的五代绝对估值模型，都能够在数学框架下给出严谨的数学推导与证明，都能够指明模型在什么样的前提条件下证明。多名学者也因为对模型的贡献，获得了诺贝尔经济学奖。

第二，相对估值模型与重置成本模型，只要给定同质化假设，结合其他条件依旧能够给出严谨的数学证明。

第三，实物期权估值模型更是数学逻辑的极致应用，对期权理论的研究也促进了随机分析和随机过程这个数学分支的极大发展。理论上，仅需要给定资产价格的波动率，就能够估算出公司价值。

最后，估值方法的数据逻辑严密。

所有的估值模型，无论是折现现金流模型，还是相对估值模型，都依赖于公司的数据分析，都能够将数据科学的方法论应用于公司价值的分析中。

## 估值是一门哲学

从对公司价值的认知来看，估值同样是一门哲学。

首先，公司价值具有客观属性还是主观属性，是客观价值论和主观价值论争论的焦点，这实际上是一种哲学式争论。

第一，这和经济理论中，究竟是供给为核心还是需求为核心的争论，一脉相承，并无本质不同。

第二，以威廉姆斯和格雷厄姆为代表，公司价值应定位在客观价值或者内在价值层面上。在随后的发展中，马科维茨、罗伊、夏普、莫迪利安尼、米勒、托宾、布莱克、默顿、斯科尔斯、罗斯等人从数学逻辑上构建出了经典金融理论体系。资产定价和公司金融的理论模型，都能够从一般或局部均衡理论、合作或非合作博弈论框架下给以证明。

第三，以凯恩斯为代表，公司价值应定位在主观价值或者心理价值层面上，这和凯恩斯强调需求分析呈现思想的一致性。基于对未来风险与不确定性的认知，凯恩斯等人认为公司价值难以准确度量，应该分析与公司价值相关的信息及投资者的预期心理，在后续发展中逐步与行为金融体系融合在一起。

其次，公司价值估值模型取决于对企业的哲学认知或定义，这里不妨以折现现金流的五代估值模型为例。

第一，前三代估值模型，包括威廉姆斯的股利折现模型、莫迪利安尼和米勒的第一定理估值模型及加权平均资本成本估值模型、斯科特含破产成本的估值模型，本质上都将企业“抽象为人”，这是古典经济学的定义，公司这个虚拟的理性人，可以在偏好基础上构建利润函数，进而做出决策并形成现金流。

第二，从第四代模型起，即从詹森和麦克林含代理成本的估值模型开始，包括格罗斯曼和哈特含控制权收益的估值模型，实际上将企业“还原为人”。公司无论是以权威或企业家指令为核心的科斯定义，还是以利益主体形成的合同关系为核心的阿尔奇安和德姆塞茨定义，都以分析人的目标函数为出发点，这显然增加了估值难度。

可以看出，公司“抽象为人”的程度越强，公司价值的可操作性越强，客观属性也越强；公司“还原为人”的程度越强，公司价值的可操作性就越弱，但主观属性越强，越趋近凯恩斯的心理价值论，对金融现象的解释力也越强。

再次，公司价值估值模型取决于对风险与不确定性的认知。因为需要对未来的现金流进行预测，这本身就表明现金流具有随机性和不确定性。如果投资者仅仅关注期望值这个一阶原点矩，就可以推出投资集中化的决策。如果投资者还同时关注方差这个二阶中心矩，就能推出投资分散化的决策。事实上，公司价值同样存在更高阶矩的分析，这取决于对风险与不确定性的认知，取决于未来现金流能否进行度量的认知。

最后，公司价值依赖于对股权和债务的哲学认知。因为税率政策通常规定利息不需缴纳企业所得税，这时公司价值与资本结构的无关性定理不再成立。前三代估值模型基本聚焦在债务的功能上，即在税盾效应和破产成本中权衡，以寻求最佳的资本结构，使得公司价值最大化。但从詹森和麦克林的第四代模型开始，股权和债务蕴含了合同关系主体的利益关系，是各利益主体用于博弈的手段，因此二者逐步带有了治理工具的属性。正是对股权与债务的本质探究，才衍生出可转换债券、优先股等一系列股权和债务属性加权的融资工具，使得公司的现金流分配更加复杂。

## 估值是一门艺术

从对估值模型的应用来看，估值还是门艺术，根源在于三个不可知。

首先，分布不可知。

第一，公司价值或者现金流本质上是个随机变量，正如古典经济学下消费者通过偏好刻画、企业通过生产技术刻画一样，随机变量通过概率分布来刻画。对随机变量而言，知晓其概率分布就等于知晓了它蕴含的全部信息。

第二，预测公司价值或者现金流，本质上是预测公司价值或现金流所对应的概率分布。估值模型，本质上就是该概率分布下对应的期望值。显然，概率分布不可能被知晓，只能被预测。

其次，参数不可知。

第一，绝对估值法下的五代折现现金流模型，都存在关键参数。以实践中最常用的加权平均资本成本估值模型而言，关键参数就是加权平均资本成本，它可以表现为无杠杆股权资本成本的线性关系。事实上，莫迪利安尼和米勒估值模型中的折现率，主要依赖于无杠杆股权资本成本，从模型的构建基础来看，它本身是同质化假设下的产物，是由行业所决定的，对应一般均衡或局部均衡下均衡的价格水平，本质上不可知，虽然它客观存在。同理，斯科特模型中的破产概率、詹森和麦克林模型中的内部股东偏好、格罗斯曼和哈特模型中剩余控制权形成的不可测收益，都是客观存在，但不可知。

第二，相对估值模型中，倍数显然是关键参数。它本质上是同质化假设下的产物，要求能与其他公司可比。只要可比，就有了参照基准，估值问题就能迎刃而解。同质化假设，过于强烈。正如德国数学家与哲学家莱布尼茨所言“世界上没有两片完全相同的树叶”，世界上也不存在两家完全相同的公司，因此倍数参数不可知。

第三，客观属性最强的实物期权模型，某种程度上仅需资产价格的波动率，但这一参数显然不可知，因为它以资产价格未来的随机过程为前提。

最后，人性不可知。

从估值方法论的发展史可以看出，估值模型越发展，公司“还原为人”的程度就越强，这与古典经济学的观点相一致，因为公司最终为人所有。人或许能知晓自己的偏好，但很难知晓其他人的偏好，古典经济学正是靠价格接受者这一同质化假设来简化分析，此时所有人都只听市场价格这根指挥棒进行决策，无需关注其他。但在真实世界中，人性显然不可知，正所谓“人心隔肚皮”。估值模型还原到人性上，如詹森和麦克林模型、格罗斯曼和哈特模型等，基于对人性的理解可以解释繁杂的金融现象，但更多的是存在性的探讨，仅此而已。

正是由于分布、参数和人性三不知，估值逐步演化为一种“估项目就是估人、投项目就是投人”的艺术。世间万物，人终究最复杂，但也最宝贵。

# 参考文献

[1] Akerlof G A. The market for "Lemons" : Quality uncertainty and the market mechanism[J]. The Quarterly Journal of Economics, 1970, 84(3):488–500.

[2] Alchian A A, Demsetz H. Production, information costs, and economic organization[J]. The American Economic Review, 1972, 62(5):777–795.

[3] Arrow K J, Debreu G. Existence of an equilibrium for a competitive economy[J]. Econometrica, 1954, 22(3):265–290.

[4] Bachelier L. Th é orie de la speculation[J]. Annales Scientifiques de l' Ecole Normale Sup é rieure, 1900, 17:21–86. (It is translated into "Theory of speculation" from French into English by James Boness, and in: Cootner P. The random character of stock market prices[M]. Cambridge: MIT Press, 1964.)

[5] Black F, Scholes M. The pricing of options and corporate liabilities[J]. The Journal of Political Economy, 1973, 81(3):637–654.

[6] Coase R H. The nature of the firm[J]. Economica, 1937, 4(16):386–405.

[7] Coase R H. The problem of social cost[J]. The Journal of Law and Economics, 1960, 3:1–44.

[8] Copeland T, Koller T, Murrin J. Valuation: Measuring and managing the value of companies[M]. New York: John Wiley and Sons, 1990.

[9] Debreu G. A social equilibrium existence theorem[J]. Proceedings of the National Academy of Sciences of the United States of America, 1952, 38(10):886–893.

[10] Durand D. Costs of debt and equity funds for business: Trends and problems of measurement[C]//Conference on Research in Business Finance, NBER, 1952: 215–262.

[11] Fama E F, Miller M H. The theory of finance[M]. Illinois: Dryden Press, 1972.

[12] Fisher I. The rate of interest[M]. New York: Macmillan, 1907.

[13] Fisher I. The theory of interest[M]. New York: Macmillan, 1930.

[14] Gordon M J, Shapiro E. Capital equipment analysis: The required rate of profit[J]. Management Science, 1956, 3(1):102–110.

[15] Graham B. The intelligent investor[M]. New York: HarperCollins, 1949.

[16] Graham B, Dodd D L. Security analysis[M]. New York: McGraw–Hill, 1934.

[17] Grossman S J, Hart O. The costs and benefits of ownership: A theory of vertical and lateral integration[J]. Journal of Political Economy, 1986, 94(4):691–719.

[18] Hart O. Firms, contracts, and financial structure[M]. Oxford: Clarendon Press, 1995.

[19] Hart O, Moore J. Property rights and the nature of the firm[J]. Journal of Political Economy, 1990, 98(6):1119–1158.

[20] Jensen M C. Agency costs of free cash flow, corporate finance, and takeovers[J]. The American Economic Review, 1986, 76(2):323–329.

[21] Jensen M C, Meckling W H. Theory of the firm: Managerial behavior, agency costs and ownership structure[J]. Journal of Financial Economics, 1976, 3(4):305–360.

[22] Kakutani S. A generalization of Brouwer’ s fixed point theorem[J]. Duke Mathematical Journal, 1941, 8(3):457–459.

[23] Keynes, J M. General theory of employment, interest and money[M]. Cambridge: Cambridge University Press, 1936.

[24] Lintner J. The valuation of risk assets and the selection of risky investments in stock portfolios and capital budgets[J]. The Review of Economic Studies, 1965, 47(1):13–37.

[25] Markowitz H. Portfolio selection[J]. The Journal of Finance, 1952, 7(1):77–91.

[26] Marshall A. Principles of economics(8th ed.)[M]. London: Macmillan, 1920.

[27] Merton R C. Theory of rational option pricing[J]. The Bell Journal of Economics and Management Science, 1973, 4(1):141–183.

[28] Miller M H. Debt and taxes[J]. The Journal of Finance, 1977, 32(2):261–275.

[29] Miller M H, Modigliani F. Dividend policy, growth, and the valuation of shares[J]. The Journal of Business, 1961, 34(4):411–433.

[30] Modigliani F, Miller M H. The cost of capital, corporation finance and the theory of investment[J]. The American Economic Review, 1958, 48(3):261–297.

[31] Modigliani F, Miller M H. Corporate income taxes and the cost of capital: A correction[J]. The American Economic Review, 1963, 53(3):433–443.

[32] Mossin J. Equilibrium in a capital asset market[J]. Econometrica, 1966, 34(4):768–783.

[33] Myers S C. Interactions of corporate financing and investment decisions–implications for capital budgeting[J]. The Journal of Finance, 1974, 29(1):1–25.

[34] Myers S C. Determinants of corporate borrowing[J]. Journal of Financial Economics, 1977, 5(2):147–175.

[35] Nash J. Equilibrium points in n–person games[J]. Proceedings of the National Academy of Sciences, 1950, 36(1):48–49.

[36] Ross S A. The arbitrage theory of capital asset pricing[J]. Journal of Economic Theory, 1976, 13:341–360.

[37] Roy A D. Safety first and the holding of assets[J]. Econometrica, 1952, 20(3):431–449.

[38] Rubinstein M. A history of the theory of investments[M]. New Jersy: John Wiley & Sons, 2006.

[39] Samuelson P A. Rational theory of warrant pricing[J]. Industrial Management Review, 1965, 6(2):13–31.

[40] Scott J H. A theory of optimal capital structure[J]. The Bell Journal of Economics, 1976, 7(1):33–54.

[41] Sharpe W F. A simplified model for portfolio analysis[J]. Management Science, 1963, 9(2):277–293.

[42] Sharpe W F. Capital asset prices: A theory of market equilibrium under conditions of risk[J]. The Journal of Finance, 1964, 19(3):425–442.

[43] Stigler S M. Stigler’ s law of eponymy[J]. Transactions of the New York Academy of Sciences, 1980, 39(1):147–157.

[44] Stiglitz J E. A re–examination of the Modigliani–Miller theorem[J]. The American Economic Review, 1969, 59(5):784–793.

[45] Stiglitz J E. On the irrelevance of corporate financial policy[J]. The American Economic Review, 1974, 64(6):851–866.

[46] Tobin J. Liquidity preference as behavior towards risk[J]. The Review of Economic Studies, 1958, 25(2):65–86.

[47] Tobin J. A general equilibrium approach to monetary theory[J]. Journal of Money, Credit and Banking, 1969, 1(1):15–29.

[48] Treynor J L. Toward a theory of market value of risky assets[Z]. 1961, unpublished manuscript.

[49] Von Neumann J. Zur theorie der gesellschaftsspiele[J]. Mathematische Annalen, 1928, 100(1):295–320.

[50] Von Neumann J, Morgenstern O. Theory of games and economic behavior[M]. Princeton: Princeton University Press, 1944.

[51] Williams J B. The theory of investment value[M]. Cambridge: Harvard University Press, 1938.

[52] Williamson O E. The vertical integration of production: Market failure considerations[J]. The American Economic Review, 1971, 61(2):112–123.

[53] Williamson O E. Markets and hierarchies: Analysis and antitrust implications[M]. New York: Free Press, 1975.

[54] Williamson O E. The economic institutions of capitalism[M]. New York: Free Press, 1985.

[55] Williamson O E. The mechanisms of governance[M]. New York: Oxford University Press, 1996.

[56] 倪宣明 . 公司估值的方法论体系研究 [Z]. 工作论文 , 2022.